A Garota do Balão

Querido(a):

Eu e a Nina desejamos a você, que comprou este livro, muita alegria, sabedoria, aprendizado, autoconhecimento, paz e equilíbrio. Que a mensagem por ele trazida conforte seu coração e preencha qualquer dúvida em relação à vida eterna. Que a felicidade seja parte de sua vida todos os dias!

“Recomendo a leitura do escritor Osmar Barbosa; ele consegue nos transmitir ensinamentos espíritas de forma simples e objetiva. Traduz, através das linhas escritas, ensinamentos fundamentais para quem deseja saber um pouco mais sobre a vida nos planos espirituais e, tudo isso, em uma linguagem compreensiva a todos aqueles que necessitam de conforto e que desejam modificar suas vidas aprendendo a se tornar um Ser melhor.

Leiam os livros psicografados por ele!

Uma leitora...”

pelo Espírito NINA BRESTONINI

A GAROTA DO BALÃO

Book Espírita Editora
1ª Edição
| Rio de Janeiro | 2023 |

OSMAR BARBOSA

BOOK ESPÍRITA EDITORA

Capa
Marco Mancen

Projeto Gráfico / Diagramação
Alone Editorial

Imagens capa e miolo
Depositphotos

Revisão
Iara Zanardo Domingues

Marketing e Comercial
Michelle Santos

Pedidos de Livros e Contato Editorial
comercial@bookespirita.com.br

1ª edição
Prefixo Editorial: 991053
Impresso no Brasil

Dados Internacionais de Catalogação na Publicação (CIP)
(Câmara Brasileira do Livro, SP, Brasil)

Brestonini, Nina (Espírito)
A garota do balão / [ditado] pelo espírito Nina Brestonini, [psicografado por] Osmar Barbosa. -- 1. ed. -- Niterói, RJ : Osmar B. Santos, 2023.

ISBN 978-65-89628-43-9

1. Espiritismo 2. Psicografia 3. Obras psicografadas I. Barbosa, Osmar. II. Título.

23-183586 CDD-133.93

Índices para catálogo sistemático:

1. Psicografia : Espiritismo 133.93

Tábata Alves da Silva - Bibliotecária - CRB-8/9253

Outros livros psicografados por Osmar Barbosa

Cinco Dias no Umbral

Gitano – As Vidas do Cigano Rodrigo

O Guardião da Luz

Orai & Vigiai

Colônia Espiritual Amor e Caridade

Ondas da Vida

Antes que a Morte nos Separe

Além do Ser – A História de um Suicida

A Batalha dos Iluminados

Joana D'Arc – O Amor Venceu

Eu Sou Exu

500 Almas

Cinco Dias no Umbral – O Resgate

Entre nossas Vidas

O Amanhã nos Pertence

O Lado Azul da Vida

Mãe,Voltei!

Depois

O Lado Oculto da Vida

Entrevista com Espíritos – Os Bastidores do Centro Espírita

Colônia Espiritual Amor e Caridade – Dias de Luz

O Médico de Deus

Amigo Fiel

Impuros – A Legião de Exus

Vinde à Mim

Autismo – A escolha de Nicolas

Umbanda para Iniciantes

Parafraseando Chico Xavier

Cinco Dias no Umbral – O Perdão

Acordei no Umbral

A Rosa do Cairo

Deixe-me Nascer

Obssessor

Regeneração – Uma Nova Era

Deametria – Hospital Espiritual Amor e Caridade

A Vida depois da Morte

Deametria – A Desobsessão Modernizada

O Suicídio de Ana

Cinco Dias no Umbral – O Limite

Guardião – Exu

Colônia Espiritual Laços Eternos

Despertando o Espiritual

Por que Você Morreu?

Aconteceu no Umbral

O Diário de um Suicida

Superior Tribunal Espiritual

Um Espírita no Umbral

Bem-vindo ao Umbral

O autor doou todos os direitos desta obra à Fraternidade Espírita Amor e Caridade. www.hospitalamorecaridade.org

Conheça um pouco mais de Osmar Barbosa:
www.osmarbarbosa.com.br

Recomendamos a leitura dos outros livros psicografados por Osmar Barbosa para maior familiarização com os Espíritos que estão neste livro.

O Editor.

Agradecimentos

Agradeço primeiramente a Deus, por ter me concedido esse dom, esse verdadeiro privilégio, de servir humildemente como um mero instrumento dos planos superiores.

Agradeço a Jesus Cristo, espírito modelo, por guiar, conduzir e inspirar meus passos nesta desafiadora jornada terrena.

Agradeço a Nina Brestonini e aos demais espíritos, pela oportunidade e por permitirem que estas humildes palavras, registradas neste livro, ajudem as pessoas a refletirem sobre suas atitudes, evoluindo.

Agradeço ainda aos meus familiares, pela cumplicidade, compreensão e dedicação. Sem vocês ao meu lado, me dando todo tipo de suporte, nada disso seria possível.

E agradeço a você, leitor, que comprou este livro e que, com sua colaboração, nos ajudará a levar a Doutrina Espírita, e todos os seus benefícios e ensinamentos, para mais e mais pessoas.

Obrigado.

A todos, os meus mais sinceros agradecimentos.

Osmar Barbosa

Carta aos Pais

Mensagem aos pais de crianças com alguma deficiência.

Falar em deficiências e doenças é sempre um assunto muito difícil. Todo mundo tem ou conhece alguém próximo que já nasceu com questões genéticas e/ou hereditárias. Questionamos sempre qual a razão de isso acontecer? Por que Deus, que é bom e justo, permite que isso aconteça, já que a pessoa não tem chances de reverter essa situação? Mas será que entendemos que a principal função da reencarnação é nos dar oportunidades para a evolução do nosso espírito a caminho da vida eterna, da vida espiritual?

Aceitar e acolher esse conceito é fundamental para compreendermos a existência das limitações físicas e mentais.

Em cada encarnação recebemos um corpo, que é um presente de Deus, e ele nos servirá para nos auxiliar no trabalho de nossa evolução. Deveríamos cuidar dele da melhor forma possível. Sem excessos, sem vícios. Toda enfermidade física ou mental é um resgate dos excessos que cometemos em algum momento de nossas vidas passadas. Ou seja, as limitações são, então, resultado de nossas próprias escolhas!

Resgate não é punição de Deus!

Resgate é a oportunidade de trazer algo de volta. E esse algo é a nossa essência divina, bondosa, perfeita. Não conhecer ou aceitar a premissa reencarnatória é que nos leva a uma interpretação equivocada das limitações.

Estamos aqui para aprender, passando por diversos tipos de dificuldades, porque a cada um de nós é dado o remédio apropriado para nossa cura.

Sem as limitações, muitos espíritos não teriam a possibilidade de resgatar suas dívidas. Aprendemos pelo amor ou pela dor. E com certeza a segunda é nossa maior escola.

Para nós espíritas, as limitações são instrumentos de evolução, são dádivas, são um caminho que nos ajuda a reequilibrar nossas energias.

Acolha com amor e carinho o espírito que escolheu você, papai e mamãe, para essa nobre missão, chamada VIDA!

Osmar Barbosa

> “*As almas encarnam juntas para experimentarem a evolução.*”
>
> *Nina Brestonini*

Sumário

"*A vida é uma das experiências necessárias ao nosso aperfeiçoamento, aproveite-a!*"

Osmar Barbosa

Prefácio

Era, para mim, um dia como qualquer outro. Acordei cedo, tomei o meu café da manhã e me dirigi ao meu escritório. Ao me sentar em minha cadeira, logo percebi a presença de alguns mentores espirituais.

Eu percebi, naquela manhã, que algo especial me esperava ao chegarem Nina e Felipe, pois, quando eles chegam juntos, algo maior está para acontecer.

Nina chegou sorrindo e me desejando um lindo dia.

– Bom dia, Osmar!

– Bom dia, Nina! Bom dia, Felipe! O que fazem aqui tão cedo?

– Viemos convidá-lo para embarcar em mais uma psicografia.

– Agora?

– Se estiver preparado, pode ser agora mesmo – disse Felipe.

– Estou sempre preparado para atender ao chamado de vocês. Aliás, me sinto um lápis quando sou convidado para essas missões.

– Antes de entrarmos nas linhas deste livro, eu gostaria de lhe apresentar uma amiga. Pode ser, Osmar?

– Claro, Nina.

Naquele momento, surge em minha sala uma mulher de uns 35 anos, alta, de cabelos brancos e lisos, jogados sobre os ombros, vestida toda de branco e com uma sandália de cor dourada nos pés.

A beleza daquela mulher logo me impressionou. Seus dentes brancos realçavam sua alegria ao me saudar, demonstrando estar muito feliz em me conhecer.

– Muito prazer – disse a ela.

– Olá, Osmar! Eu me chamo Eleonora, e estou muito feliz em conhecê-lo. A Nina sempre me fala muito bem de você.

– Sério?

– Sim, a Nina é sua admiradora.

Meu coração quase saiu pela boca quando ela me disse aquilo.

– Você é muito importante para nós, Osmar – acrescentou Felipe.

Não contive a emoção e algumas lágrimas visitaram a minha face naquele momento. A missão de ser mensageiro dos planos espirituais é o que me mantém firme nos propósitos da vida, pois o fato de ser médium não me credencia para não passar por momentos complicados, como todos passam, e, por muitas vezes, as provas são tão difíceis que penso em desistir de tudo.

Após me refazer da emoção, olhei feliz para Eleonora.

– Eu sou grato em conhecê-la, e me perdoe as lágrimas.

– Osmar, eu preciso que você nos acompanhe nesta psicografia. Iremos eu, Felipe e Eleonora, pode ser? Temos um ensinamento lindo para passar para todos vocês. E, além disso, você poderá registrar nesta obra o compromisso que assumimos com Eleonora.

– E quem é Eleonora, Nina?

– Uma mãe que ama profundamente sua filha e, ao chegar à vida espiritual, percebe que pode fazer muito mais do que havia feito até o momento. Após anos se dedicando aos estudos e promovendo as transformações íntimas necessárias, ela recebe a oportunidade de se tornar mentora espiritual da própria filha. Ela vai estar ao nosso lado, sendo orientada para exercer a função.

– Uau, que legal! Parabéns, Eleonora, por ter conseguido essa oportunidade tão bela e edificante!

– Eu sou muito grata à Nina, ao querido Daniel, nosso mentor espiritual, e a todos de Amor e Caridade. Sem eles, nada disso estaria acontecendo.

– Vamos ao livro, Osmar. Você pode nos acompanhar?

– Claro, Nina! Será um prazer acompanhar vocês em mais essa obra.

– Então, podemos começar?

– Sim – respondi. – E sobre o que iremos escrever?

– Sobre a síndrome de Down.

– Nossa, tenho muita curiosidade em saber por que nascem crianças com essa síndrome.

– Elabore um estudo e vamos à psicografia.

– Pode deixar comigo, Nina.

E assim começamos mais um livro...

Quando eu comecei a psicografar este livro, fiquei extremamente emocionado. Cada linha, cada palavra, cada informação, cada cena a que eu assistia, desdobrado, me deixava muito triste e me enchia de informações muito importantes, que faço questão de compartilhar com todos vocês nos mínimos detalhes.

A incompreensão e a mágoa que Manuela e Pedro sentiam me deixavam muito triste naquele momento. Eu podia até sentir dentro de mim as dores desse lindo casal. Isso é coisa de médium, eu sempre digo. Mas, conforme Nina me mostrava a história, pude perceber que nós, médiuns, estamos realmente predestinados a sofrer. Por que, eu me perguntava, tanto sofrimento em um só casal?

Chorei várias vezes com Pedro, que se trancava em seu quarto buscando uma resposta para tudo o que sentia dentro de seu coração. Eu assistia àquilo tudo e sofria muito. A rejeição e o desamor eram, sem dúvidas, o meu maior questionamento.

A luta do lindo casal para superar o preconceito e viver seu amor me surpreendeu. A síndrome de Down é uma doença? Se é doença, ela é um castigo? Por que nascem crianças com Down? Sabemos que os portadores de Down são assim porque possuem um cromossomo a mais. O que determina esse cromossomo? Por que a ciência ainda não explica isso? Será prova? Expiação para o espírito? O amor ardente dentro de seus corações e a vontade de vencer os desafios me mostraram que o amor supera qualquer barreira. Cada gesto, cada palavra, todo o carinho que Pedro tem por Manuela me deixava impressionado.

Como Pedro conseguiu superar com empatia tantos obstáculos? Como conseguiu vencer as dificuldades do relacionamento com Manuela? Como explicar que um rapaz bonito, estudioso, educado, inteligente, meigo e amoroso, de uma excelente família, poderia se apaixonar perdidamente por uma menina com algumas limitações? Uma menina que sofria muito o preconceito de ser portadora do Down que nascera com ela. Embora em um corpo "com algumas limitações", Manuela é, na verdade, um lindo espírito. É assim que Pedro enxerga o seu amor.

Embora surpreso por certas atitudes de Manuela, Pedro não a vê como uma pessoa limitada ou incapaz. Ele a vê como uma menina que busca superar seus limites, dentro de suas possibilidades, só isso.

Eu, como médium e escritor, participo, mesmo sem querer, desses momentos especiais. Sou médium de desdobramento. Esse é o meu dom. Eu vejo as cenas e as transcrevo para o papel. Então, imaginem que, tudo o que vocês vão ler, eu pude assistir sentado em frente à tela de meus pensamentos, desdobrado em outra dimensão.

Quando psicografo cartas, os amigos da Espiritualidade me trazem frases e elas refletem em minha memória. Assim psicografo as mensagens que chegam com muita frequência na casa espírita em que trabalho.

Então, o que é a síndrome de Down?

A síndrome de Down é uma alteração genética produzida pela presença de um cromossomo a mais no par 21. Essa modificação genética afeta o desenvolvimento do indivíduo, determinando algumas características físicas e cognitivas. A maioria das pessoas com essa síndrome tem trissomia 21 simples. Isso significa que um cromossomo extra está presente em todas as células do organismo, devido a um erro na separação dos cromossomos 21 em uma das células dos pais.

O que diz o Espiritismo?

Eu posso lhes garantir que todo efeito tem uma causa. Logo, deduzimos haver uma causa para que esses espíritos vivam tal experiência – causa justa, levando-se em consideração a infinita bondade e justiça de Deus.

Não podemos nem devemos confundir vingança com justiça, pois Deus não se vinga de nossos erros. Ele apenas nos permite reparar com justiça tudo o que necessitamos para purgar definitivamente todo o mal que praticamos em outras vidas, e a reencarnação é o mecanismo perfeito para a nossa evolução.

Todos os obstáculos que não resultam de ações na vida atual procedem de atitudes nas reencarnações passadas.

E isso é fato.

No livro dos espíritos, capítulo sétimo, na pergunta 335, Allan Kardec diz:

– O espírito pode escolher o corpo no qual deve reencarnar ou apenas gênero da vida que vai lhe servir de provação?

Resposta: Ele pode escolher o corpo, pois as imperfeições desse corpo, são provas que o ajudam em seu adiantamento. O espírito pode pedir, mas a escolha nem sempre depende dele. Para cada caso, uma solução...

Lembrando que em outros momentos do livro, os espíritos nos informam que muitas vezes pode se tratar de uma expiação também para os pais, pois tudo o que vivemos em nosso âmbito familiar, as vicissitudes, ou alegrias, são para nosso aprendizado mutuo, os laços de sangue nos ajudam a progredir, os filhos que temos, na verdade, são velhos conhecidos que a providência divina nos traz para reacendermos o amor de outrora. E engana-se quem pensa que toda pessoa com síndrome de down é possuidora de grandes débitos, há possibilidades de os pais serem, na verdade, os grandes devedores e o espírito que está ali, possa ter escolhido colaborar diretamente na experiência da família.

Pais descuidados em existências anteriores, podem aí encontrar a oportunidade de reparação com um espírito amigo, por isso devemos ter muito cuidado em julgar as condições alheias.

É importante ressaltar que tudo são bençãos, e tem um objetivo maior. Eu não quero dizer que é fácil, e que os pais vão lidar com essa prova com facilidade, apenas busco trazer a esperança e o amor divino que mora por trás de cada olhar, e de cada espírito.

Lembremos-vos de que Jesus está no leme e nunca estamos desamparados. Não nos esqueçamos jamais de que, nada está ao acaso, que tudo que nos acontece tem um propósito evolutivo e que Deus nos ama em intensidade, e que é através do amor pleno que nos conectaremos a Ele.

Em outras situações a Providência Divina permite que determinados espíritos reencarnem nessa condição para aprenderem uma grande lição através do constrangimento a que ficam sujeitos, totalmente impossibilitados de se manifestarem normalmente, bem como uma série de coisas que acontecem com os portadores de Down.

Os amigos espirituais nos alertam que a imensa maioria dos casos de crianças portadoras de deficiência são almas que se voltaram contra si mesmas, buscando o fim das dificuldades na porta ilusória do suicídio. Ou, então, são indivíduos que, em encarnações passadas, abusaram da inteligência, de seu saber, para o mal, para enganar os outros, explorando-lhes a ignorância ou a boa-fé.

Foram inventores de engenhos de morte ou estragaram seus corpos carnais cultivando o vício, as drogas, as vicissitudes da vida.

O remorso, aliado aos prejuízos causados pelo ato infeliz, faz com que o espírito não disponha de condições nem de méritos para reencarnar num corpo físico isento de quaisquer lesões.

Sabemos que o perispírito é um arquivo minucioso e implacável de nossos menores atos bons e maus. Nele guardamos tudo aquilo que fizemos durante o nosso período evolutivo.

Os que trazem alguma diferença, quando reencarnam, trazem gravado em seus cérebros espirituais o mal que maquinaram contra seu próximo e, pela lei de causa e efeito, contra si. Por todo mal que praticamos contra o próximo, somos nós os primeiros lesados.

Pois bem, para tirarmos essa crosta maléfica que o perispírito guarda, só há um meio justo: a reencarnação.

O corpo de carne funciona, então, como um filtro através do qual se escoará aquele lodo moral que se formou. O lodo só deixará a inteligência da pessoa com deficiência funcionar normalmente depois de se ter escoado por completo, ou seja, limpado o perispírito. Enquanto houver um resquício desse lodo moral ali depositado, a inteligência não funcionará direito, embaraçada por ele.

Os pais têm alguma participação na dívida?

Os pais, como em qualquer ambiente doméstico, trazem vínculos profundos com seus filhos, carregando uma parte dos motivos que ocasionaram a queda desses espíritos, e, como tal, devem lutar e sofrer com eles. Por outro lado, podem ser espíritos com grande capacidade de amar que voltaram à Terra para amparar essas criaturas em tão difícil experiência reparatória.

E qual é a percepção da criança com limitação?

Não pensemos que a existência de uma pessoa com deficiência esteja perdida em termos de aprendizado. O espírito sofre por não poder manifestar-se. Contudo, mantém todas as suas faculdades e, gradativamente, aprenderá a não as utilizar mal. Crianças com deficiência ou especiais, como preferirmos chamar, significam, muitas vezes, o retorno de grandes intelectuais, gênios que caíram no orgulho e no abuso.

Os mentores da Espiritualidade Maior esclarecem a Allan Kardec: "A superioridade moral nem sempre guarda proporção com a superioridade intelectual".

Sobretudo, quando fora do corpo, têm, conforme o grau evolutivo de cada um, a percepção da situação e da prova a que estão submetidas.

Chico Xavier elucida como se sentem e como são tratadas: "Sentem e ouvem, registram e sabem que modo são tratadas; elas são profundamente lúcidas na intimidade do próprio ser".

É certo rejeitarmos essas crianças?

Infelizmente ainda existem pessoas que se julgam despreparadas ou incapazes para superar determinados desafios, agindo de maneira irresponsável e fugindo às próprias obrigações para com os mecanismos da lei de causa e efeito.

Semelhante fuga ocasiona o agravamento do problema, comprometendo toda a programação encarnatória e adiando, não raro, para muito longe, a reparação e a retomada do crescimento espiritual.

Quando Deus nos confiar semelhante tarefa, utilizemos o recurso incondicional do Evangelho, a nos preparar e auxiliar em quaisquer testes, superando desde os menores obstáculos até as montanhas das grandes provas.

Não fujamos dos testes que nos apresentam. Toda prova no lar é bafejo da confiança que desce dos "céus", gravando em nossos corações – à custa de lutas e alegrias, sofrimentos e satisfação – a legenda divina do amor e da justiça, da bondade e da misericórdia, que, proferida pelo meigo Rabi da Galileia, ainda ecoa na acústica de nossas almas: "Todas as vezes que isso fizestes a um destes mais pequeninos dos meus irmãos, foi a mim mesmo que o fizestes".

É preciso compreender que há amor e misericórdia na lei de ação e reação, afinal Deus – justo e onipotente – não poderia, ao mesmo tempo, ser vingativo. Não faria sentido Ele ser assim. Não faria sentido nenhum existir um Deus que pune seus amados filhos.

Deus, assim como nós, educa, e não castiga. Não podemos confundir justiça com vingança, como disse acima. Sua perfeição está caracterizada na própria Criação, regida por leis fraternas, amorosas e imutáveis. Leis eternas que regem todos os mundos, ou melhor, todo o Universo e todos os seres que nele existem.

É assim que estamos destinados à felicidade como espíritos imortais. A bondade divina se faz presente justamente nas inúmeras oportunidades de recomeço que nos são concedidas através das reencarnações. Todos nós temos e teremos oportunidades infinitas de nos tornar espíritos perfeitos. Creia nisso! Assim, podemos vivenciar, em efeitos iguais, experiências diversas e advindas de causas diferentes. É totalmente errado, portanto, julgarmos a história de cada espírito na relatividade da matéria, pela aparência do corpo físico, que serve apenas de roupagem para a manifestação de sua essência inteligente. O corpo não importa. O que importa é a oportunidade de ajuste. A oportunidade de evoluir!

Somos criaturas únicas em processos particulares de evolução, rumo à perfectibilidade – cada qual a seu tempo, com seu entendimento e à sua maneira –, o que já demonstra por si só que poderemos até ter "aparentemente" os mesmos defeitos, mas isso não quer dizer, em hipótese alguma, que tenhamos sido agentes das mesmas causas. Cada caso é um caso e cada aprendizado é único. O efeito é uma particularidade de cada um de nós.

Cada qual evolui da melhor forma que lhe aprouver, do modo que lhe seja permitido e escolhido, tendo a Lei do Amor sempre a lhe direcionar os passos.

Alguns corpos nos são oferecidos com determinadas limitações físicas, mentais, motoras etc. – limitações essas que nos ajudam no ajuste necessário da encarnação. Tudo é justiça divina sempre. Colhemos o fruto exato de nossa semeadura, daquilo que semeamos em outras encarnações anteriores.

A síndrome de Down não é uma deformidade. Muito pelo contrário, é um ser como qualquer outro. O amor é a chave para o sucesso dessa relação. O que acontece quando nos deparamos com uma criança portadora de deficiência, seja ela qual for?

Uma pessoa com o "cromossomo 21 extra" pode fazer muitas coisas: abraçar, dizer "eu te amo", ir à escola, viajar, namorar, brincar, enfim, ser feliz como qualquer outra criança. Ela pode e deve ter uma vida normal.

Hoje não se pode determinar precisamente até onde uma pessoa com Down pode chegar com sua autonomia, mas acredita-se que seu potencial é muito maior do que se considerava há alguns anos. Esses seres especiais estão em franca evolução. São espíritos experimentando uma forma diferente de ser. O que precisamos fazer é, sem dúvidas, incluí-los em nossa sociedade. Isso significa oportunizar e habilitar essas crianças a realizar todas as suas potencialidades, minimizando as inferioridades resultantes de suas dificuldades.

Uma jovem baiana destacou-se como a primeira pessoa com Down a concluir um curso de nível superior. O fato de ela ter se tornado bióloga sem dúvida quebrou paradigmas, ao mostrar que uma pessoa com alguma limitação é como outra qualquer, com sonhos, desafios e conquistas.

O filme *Colegas* é uma comédia que mostra três jovens amigos com Down, apaixonados por cinema, que resolvem fugir do instituto no qual vivem em busca de seus sonhos: Stalone quer ver o mar, Márcio quer voar e Aninha deseja se casar. Eles partem do interior de São Paulo para Buenos Aires e se envolvem em diversas situações inusitadas.

A síndrome de Down é apenas um cromossomo a mais de amor. Não é uma deficiência mental, e seu portador pode ter um desenvolvimento intelectual considerável em várias áreas do conhecimento. A inclusão social melhora a qualidade de vida dessas pessoas, por isso a importância de crianças com Down e poderem frequentar escolas comuns.

Como explicar as adversidades?

É durante a noite, na hora de dormir, que somos intimados a fazer nossas reflexões. Quando colocamos a cabeça no travesseiro para dormir é que tudo vem à tona: os desafios, as dores, a saudade, enfim, tudo aquilo que pode perturbar nossa mente. Quando é algo que fizemos a alguém, normalmente nosso juízo diz: "Fiz, está feito e pronto. Quem mandou mexer comigo?" Há pessoas que até dizem: "Ela mereceu ter um filho assim". E por aí vão as nossas desculpas. Mas há algo que nosso pensamento jamais irá apagar. É nessa hora que questionamos a Deus, por que nascem crianças com determinadas limitações? Por que nascem crianças com Down?

Muitas mães, quando vão dormir, pedem a Deus que apague de dentro delas a dor insuportável. Conviver e cuidar de uma criança com qualquer tipo de limitação é um desafio sem limites.

Muitas mães acham que estão vivendo um sonho e que logo irão acordar, ouvindo: "Mãe, acorde! Eu estou curada!" E tudo aquilo que dói tanto dará espaço a sorrisos novamente.

Quando as crianças se vão, como ficam os pais, amigos e familiares?

A dor da separação, embora acreditemos que é temporária, na verdade deixa-nos uma enorme dúvida, uma enorme e dolorosa ferida: será mesmo que a vida continua? Será que vou poder encontrar com o meu anjo? Onde ele está? Por que morreu tão jovem? Por que tanto sofrimento para uma criança que nada fez de mal a ninguém? Por que o meu filho? Por que, meu Deus? Por que ela nasceu assim? Por que a minha filha sofreu tanto, embora seus olhinhos sempre demonstrassem muita felicidade? As crianças com Down têm pouco tempo de vida, você sabia... Meu Deus, por quê?

Perguntas que ficam sem respostas... Embora procuremos nas religiões o conforto e o entendimento, fica sempre o vazio em nós. Um vazio que jamais será preenchido. As pessoas dizem: "Isso vai passar. Logo você terá outro filho e ele nascerá perfeito. Quem sabe ele não nascerá como o seu sobrinho etc.?!" Mas quem lhe disse que uma criança com Down não é perfeita?

Tem coisas que só um coração de mãe sabe entender. Tem coisas que só quem viveu o que Eleonora viveu sabe o que é.

Temos conhecimento de que Jesus nos alertava sobre as existências futuras quando Ele disse haver muitas moradas na casa do Pai, entre tantos outros sinais que Ele sempre fez questão de nos ensinar.

Como será isso? Moradas? Existem casas no mundo espiritual? Deus construiu casas? Como assim? Até encontramos respostas lógicas para essas perguntas, mas é preciso muita compreensão da nossa parte para que entendamos. Precisamos ser muito evoluídos para acreditar nisso. Nós precisamos, na verdade, acreditar que Ele nos criou para a eternidade e não para uma única vida. Não faz sentido se não for assim.

Dizem que Deus fez um céu e um inferno. E dizem também que quem faz o bem vai para o céu e quem faz o mal vai para o inferno. Eleonora fez sua peregrinação por diversas religiões procurando a resposta para a pergunta que só quem tem um filho especial quer ouvir. Eleonora se entregou totalmente a muitos dissabores da vida em busca dessa resposta. Por quê? De onde viemos? Para onde vamos? Como será quando eu morrer? Minha mãe e meus familiares que já se foram, onde estão? Por que perdi a minha mãe? Meu sogro e meu melhor amigo, onde estão?

Quantas perdas serão necessárias para nos fortalecer? Quantas separações eu ainda terei que enfrentar para compreender o que é a vida? O que é a vida? Por que nascem pobres como Eleonora? E por que ela experimentou a riqueza? Durante sua vida, Eleonora pôde ir do céu ao inferno. No começo, era o inferno; depois, ela foi viver no céu. Como explicar tantas mudanças?

É difícil para nós, simples mortais, tentar entender tudo isso. Os espíritos amigos nos alertam o tempo todo para as provas que temos que enfrentar. Sabemos que tudo aquilo que nos serve de expiação são, na verdade, oportunidades evolutivas. Até a dor tem seu objetivo.

Nós, espíritas, estamos na busca de nossa perfeição. Sabemos que só quando atingimos certo grau de compreensão das coisas de Deus é que conseguimos alcançar um lugar melhor na vida espiritual e, de lá, podemos auxiliar aqueles espíritos com os quais nos afinamos durante nossa encarnação, ajudando em suas batalhas diárias em busca da evolução.

Não há artifícios naquilo que você acredita. Ninguém acredita pelo meio ou pela metade – ou você acredita, ou não acredita. Nós somos espíritos tão imperfeitos que agora acreditamos em algo, mas, se alguém falar o contrário, logo deixamos de acreditar naquilo e voltamos à estaca zero de nossa evolução. Dúvidas e incertezas são comuns no estado evolutivo em que nos encontramos.

O materialismo é o que impera entre nós. Tudo aquilo que gera algum tipo de condição ou conforto pessoal é mais importante do que aquilo que nos fará seres melhores. Até tentamos ser melhores. Às vezes, achamos que fazer uma doação a determinada instituição já é o suficiente para nos livrar dos nossos pecados. Amém…

Se fosse assim, Jesus teria juntado muitos tesouros, você não acha?

Imagine um homem com tanto poder. Ele poderia derrotar todos os imperadores de Roma, e Roma seria sua. Quantas moedas Roma tem em seu poder? Quantos castelos? Quantas terras? Enfim, quanto dinheiro? Por que Jesus se propôs a ser morto da forma que foi? Por que aceitou tanta humilhação? Tanta dor? Por quê?

Onde há ganância, poder e dinheiro, certamente ali Jesus não está. Toda disputa é desconstrutivista. Tudo aquilo que, por trás, tem algum tipo de interesse, vaidade, orgulho, inveja, avareza e tantos outros sentimentos menores não representa a glória da Criação. O Messias só nos deixou palavras de engrandecimento espiritual. Tudo o que Ele disse e tudo o que Ele ensinou é até hoje o norte de muitas pessoas, que buscam incansavelmente ser melhores. Jesus é o leme. Jesus é o condutor sábio de todos nós.

Ele é o caminho, a verdade e a vida, lembra?

Eu convido você a experimentar nas linhas deste livro uma nova experiência, cheia de revelações e provas. Às vezes, nós precisamos tentar compreender o incompreensível e aceitar que dentro de cada um de nós há e haverá sempre uma criança, desejosa de brincadeiras que distraiam a mente. O papo está ótimo, mas Nina tem uma incrível história para nos contar. Venha comigo saber por que a vida não se resume a esta vida.

Eu convido você a conhecer *A Garota do Balão*.

Osmar Barbosa

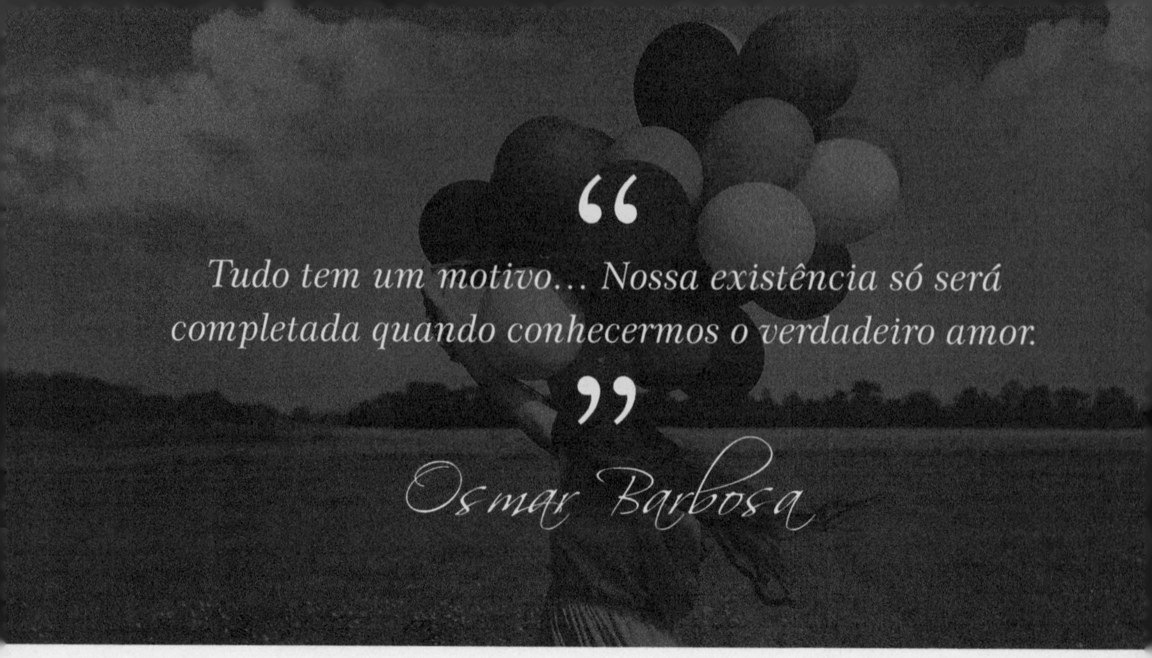

Vida Passada

Passados dois dias, Eleonora aparece para mim nas primeiras horas da manhã e me convida a continuarmos a escrever. Sem pestanejar e em desdobramento, eu a segui.

– Vamos, Osmar?

– Vamos…

O dia surge nublado. Aparenta tristeza, como se não quisesse nascer. O sol se esconde por entre nuvens carregadas de chuva. A temperatura está baixa. Faz 18 graus na pequena cidade do interior de Minas Gerais.

Ana Maria está trancada em seu quarto, como de hábito. Ela ficou assim após se separar de seu noivo, João. Triste, a jovem de apenas 22 anos está amargurada. A depressão começa a tomar conta da jovem e sonhadora menina.

Ao chegar, eu pude ver que, em seu quarto, havia alguns obsessores que logo foram afastados por Eleonora, que, através de um gesto de mãos, ordenou que todos deixassem o lugar.

Sua família já havia feito de tudo para ajudá-la a superar a separação do namorado.

João trocou os doces beijos de Ana Maria pela espontaneidade e alegria de Laura, uma jovem que ele conheceu na faculdade.

Após seis anos de namoro e noivado, ele terminou com Ana Maria, pois se envolveu em um relacionamento fora do namoro e se apaixonou perdidamente. João agora só quer saber dos beijos de Laura.

Dona Mercedes, mãe de Ana, não sabe mais o que fazer para tirar a menina desse momento depressivo. Vários colegas da faculdade visitam Ana Maria, que, triste, vive desejosa de morrer.

Sua amiga íntima Tânia, uma jovem que desde tenra infância partilha com Ana Maria os piores e melhores momentos da vida, está sempre por perto, tentando ajudar.

Triste, Ana Maria aproveita o mau tempo para não ir à faculdade e permanece deitada em seu quarto escuro.

A faculdade fica em uma cidade vizinha e só há uma condução diária que leva todos os alunos para estudar. Alguns preferem morar nos alojamentos oferecidos para evitar a viagem cansativa diariamente e, aos finais de semana, sempre retornam à cidade natal para passar os dias com seus familiares.

Mercedes anda muito preocupada com Ana. Naquela manhã, ela vai até o quarto da filha para lhe cobrar uma reação.

Ela bate à porta suavemente.

– Posso entrar, Ana?

– Sim, mãe.

Mercedes se dirige até a cama da filha e se senta ao lado de Ana, que permanece deitada. Ela sequer se levantou naquele dia.

O ambiente está escuro. As cortinas quase não são abertas.

– Posso abrir as cortinas, filha?

– Não, mãe, eu prefiro ficar assim.

– Você não quer ver o dia?

– Não, mamãe, não quero.

– Então, eu vou lhe dizer como está o dia. O dia está triste, chuvoso e frio. Ele está assim porque a menina mais bonita desta cidade anda triste pelos cantos e quase não sai para vê-lo.

Ana Maria permanece calada.

– Você quer que eu traga alguma coisa para você comer, filha?

– Não, mãe, obrigada.

– Você quase não vai à faculdade, filha.

– Eu vou me recuperar, mamãe. Tenha paciência comigo. Isso vai passar, eu prometo.

– Minha filha, há tantos outros rapazes interessados em você. Você é uma menina bonita, estudiosa e talentosa. Você não merece viver assim.

– Eu não consigo tirar o João do meu coração, mamãe. Não sei mais o que fazer.

Lágrimas escorrem pela linda face de Ana Maria. Seu estado emocional é drástico.

– Não chore, filha. Ele não merece o seu sofrimento.

– Não venha com esse papo de merecimento, mamãe. Talvez, se eu tivesse dado mais atenção a ele, isso não estaria acontecendo.

– Filha, o João não a amava. Quando se ama alguém, não se faz o que ele fez com você.

– Mamãe, foram seis anos de namoro e cumplicidade. O João foi o meu primeiro namorado. O João, mamãe, foi o meu primeiro tudo.

– Eu sei, filha, mas agora ele não é mais seu namorado e você não pode ficar assim. Você já viu como está magra e acabada? Você não merece isso. Nem parece aquela menina sorridente e feliz que todos conhecem.

– Mãe, eu tenho mesmo é vontade de morrer.

– Não diga uma bobagem dessa, menina.

– É sério, mãe. Eu tenho vontade de me jogar da ponte lá da cidade!

– Deus me livre, Ana Maria, você pensar numa bobagem dessas.

– Olhe, mamãe, se algum dia eu desistir da minha vida, saiba que eu a amo muito, você e o papai. E que vocês são muito especiais para mim.

– Ana Maria, não diga nunca mais isso para mim. Eu não a criei para isso. Levante, menina, sacuda a poeira e dê a volta por cima! Você é linda, inteligente e capaz. Falta pouco tempo para você se formar na faculdade. Logo você vai conhecer outro rapaz e ser feliz. Pare de pensar bobagens.

– Está muito difícil para mim, mamãe, viver sem o João.

– Não diga isso. Eu vou ligar para a Tânia e pedir para ela vir aqui conversar com você.

– Mamãe, não precisa ocupar a Tânia. Ela está, assim como eu, em uma fase muito complicada da vida dela.

– Mas ela é a sua melhor amiga e certamente lhe dará bons conselhos.

– Mãe, a Tânia está com a mãe doente. Você não sabia?

– O que tem a mãe dela?

– Ela descobriu um câncer de mama. As coisas por lá estão complicadas.

– Eu não sabia, mas, mesmo assim, vou ligar para ela vir até aqui conversar com você. Está vendo, a mãe dela está muito doente, mas ela certamente não está pensando em bobagens como você.

– Uma coisa não tem nada a ver com outra, mãe.

– Eu vou preparar alguma coisa para você comer.

– Não quero nada. Não adianta, que eu não vou comer.

– Vai comer, sim – diz Mercedes, saindo do quarto.

Ana Maria começa a chorar baixinho para que ninguém ouça. Seu coração está muito triste com tudo o que está acontecendo. A depressão toma conta do corpo e da mente da jovem.

Após algumas horas, Tânia chega à casa de Ana Maria, atendendo ao pedido de Mercedes, que a recebe na porta principal da casa.

– Bom dia, dona Mercedes!

– Bom dia, Tânia! Que bom que você veio!

– O que houve? Ela ainda não melhorou?

– Nada, menina. Vive deitada falando em se matar. Não come e vive na escuridão daquele quarto frio.

– Que isso, meu Deus!?

– Pois é, Tânia... Eu não sei mais o que fazer.

– Pode deixar, dona Mercedes. Eu vou conversar com ela.

– Como está a sua mãe? Eu soube que ela está doente.

– Estamos confiantes que ela vai se curar. Está nas mãos dos melhores médicos da cidade e está se tratando no centro espírita que frequento. Vai dar tudo certo!

– Que bom! Se vocês precisarem de alguma coisa, podem contar comigo, está bem?

– Pode deixar.

– Venha, eu vou acompanhá-la até o quarto da Ana. Você quer beber alguma coisa? Está com sede?

– Não, dona Mercedes, obrigada.

Tânia e Mercedes caminham até o quarto escuro de Ana Maria.

Delicadamente, Mercedes bate à porta mais uma vez.

– Filha, filha, olhe quem está aqui!

Afastando a coberta que lhe cobria a cabeça, Ana percebe a presença da melhor amiga e começa a chorar novamente.

Tânia acelera o passo e se senta ao lado de Ana, abraçando a amiga.

Mercedes sai do quarto com lágrimas nos olhos. O sofrimento de Ana Maria é sofrimento para todos na casa.

Por alguns minutos, Tânia e Ana Maria permanecem em silêncio, abraçadas no escuro do quarto.

– Tenha calma, Ana – diz a amiga, acariciando-lhe a face.

Naquele momento, Eleonora estende suas mãos em direção às duas amigas e lhes aplica um passe energético. Eu pude ver saírem das mãos da iluminada mentora feixes de luz verde, indo em direção às meninas abraçadas.

– Eu não sei se vou aguentar, Tânia.

– Claro que vai, minha amiga!

– Não vou, não, Tânia. Eu não vou conseguir viver sem o João.

– Vai, sim, minha amiga. Você sempre foi alegre. Olhe para o seu quarto... Posso acender a luz ou abrir as cortinas?

– Abra as cortinas.

Tânia se levanta, vai até a janela do quarto e afasta as cortinas, deixando a luz do dia entrar.

O quarto de Ana Maria é decorado com desenhos de balões no teto e nas paredes.

– Está vendo, Ana? Seu quarto é o quarto mais lindo desta cidade. Esses balões coloridos dão um charme especial a este lugar. Desde meninas, nós duas sempre fomos aficionadas por balões. Lembra-se do nosso sonho? Ou você já se esqueceu?

– Meus sonhos foram por água abaixo quando o João terminou o nosso noivado, quando ele me trocou por aquela garota.

– Menina, deixe de ser boba. Nós ainda vamos à Capadócia embarcar naqueles lindos balões e voar sobre aquelas paisagens lindas com que sempre sonhamos.

– Meus balões se foram juntamente com o meu sonho e com a minha felicidade, Tânia. Eu não estou conseguindo me reerguer. Tudo está muito difícil.

– Minha amiga, eu estou aqui – diz Tânia, aproximando-se e abraçando novamente Ana Maria, que chora.

– Eu não quero mais viver, Tânia.

– Pare de falar isso. A vida é assim, amiga. Dias nublados, dias de chuva e dias de sol. Como já dizia o nosso querido Chico Xavier, "isso também passa".

– Lá vem você com esse papo de Espiritismo.

– Não é papo. Você sabe que, desde menina, meus pais me levam para o centro espírita e eu aprendi muita coisa lá. Agora mesmo, com a doença da mamãe, estamos recebendo todo o apoio e amor dos colegas do centro espírita, e isso está sendo fundamental para a nossa família neste momento de dor.

– Mas eu não quero saber disso!

– Olhe, Ana, somos espíritos eternos. Deus nos dá a encarnação como mecanismo para a nossa evolução. Atentar contra a própria vida é atentar contra a vontade de Deus. Eu sou a sua melhor amiga desde que eu me entendo por gente. Sempre a convidei para conhecer o Espiritismo, mas você sempre inventava uma desculpa para não ir conhecer a religião. Eu não me oponho a seus princípios religiosos. Cada um tem aquilo que deseja. Cada um acredita naquilo que lhe convém. Mas nós, espíritas, sabemos que o suicídio é penoso para o espírito. Nunca, minha amiga, nunquinha mesmo, pense em se matar, pois o resultado de sua escolha lhe será muito penoso e dolorido, e eu nada poderei fazer para ajudá-la, a não ser orar para você ser resgatada das regiões de sofrimento.

– Eu não acredito nisso. Não acredito em vida após a morte e em nada de Espiritismo.

– Você não precisa acreditar. Basta não se matar – diz Tânia, com seriedade.

– Vamos mudar de assunto, por favor, Tânia.

– Eu posso até mudar de assunto, desde que você me prometa que não vai mais pensar em suicídio.

– Não quero falar sobre isso.

– Prometa para mim, Ana.

– Está bem, está bem, eu prometo.

– Promete mesmo?

– Sim, prometo. Agora me diga, você tem visto o João lá pela faculdade?

– Não.

– Como assim, não?

– Não tenho visto ele. Aliás, nem quero vê-lo.

– Mas você precisa vigiar ele para mim.

– Como assim, vigiar, Ana?

– Você tem que vigiar se ele continua com aquela menina.

– Jamais me prestarei a isso, minha amiga. Eu quero a sua felicidade, e não a sua desgraça.

– Não custa nada você ficar de olho e me avisar sobre ele.

– Custa, sim. Ele está morando no câmpus da faculdade. Ele não vem mais para cá e já tem alguns dias que eu não o vejo.

– Não custa nada você me ajudar.

– Custa a minha dignidade. Eu não sou mulher de recadinhos e, muito menos, de fofoca. Eu quero é a sua felicidade. E a sua felicidade, no momento, é não saber da vida dele. Esqueça esse garoto, Ana. Tenha amor-próprio.

– Eu pensei que poderia contar com você.

– Ana, já faz três meses que vocês terminaram o noivado. Deixe isso para lá, menina. Esqueça esse rapaz. Ele não presta. Se prestasse, estaria ao seu lado. Se ele gostasse de você, não a teria trocado por outra depois de tanto tempo juntos.

– Eu não consigo, Tânia. Por que é tão difícil para vocês entenderem que eu não quero viver sem o João?

– Quando um não quer, dois não brigam, Ana. Ele está em outra. Ele não quer mais saber de você, meu amor.

– Não importa. Eu vou conquistá-lo novamente.

– Ficou louca de vez – diz Tânia.

– Não é questão de loucura, e sim de amor.

– Ana, deixe de ser cabeça dura, menina.

– Em vez de me dizer isso, por que você não me explica o que está acontecendo com o João? O que essa sua religião aí tem a me explicar? Por que ele me deixou depois de seis anos juntos? Por que ele me deixou após tanto amor, tanta cumplicidade, tantas lutas juntos para superarmos nossas dificuldades? Nós estávamos juntos desde o colegial e, de repente, vem essa menina, essa lambisgoia, e tira ele de mim. Por quê?

– As almas estão predestinadas a seguir evoluindo juntas. O João não é seu. Ele esteve ao seu lado e, juntos, vocês puderam experimentar muitas coisas que certamente os ajudaram e os ajudam a evoluir. Somos almas em evolução, Ana. E, se vocês realmente tiverem que viver juntos, isso vai acontecer, seja nesta ou em outras vidas.

– Almas em evolução... Não me venha com essa de inventar uma desculpa novamente, Tânia.

– Não dá para falar para surdos, amiga. O Espiritismo me ensinou o seguinte: não perca seu tempo falando com quem não quer ouvir.

– Eu não sou surda. Só não acredito nessas bobagens de vida eterna.

– Então, no que é que você acredita?

– Em nada. Morreu, acabou e pronto.

– Vou orar por você, Ana. É o que posso fazer, já que você não quer acreditar no óbvio.

– Ore mesmo, e quem sabe as suas orações não fazem o João acordar e voltar para mim?!

– Meu Deus… Não sei mais o que dizer.

– Vigie ele para mim, amiga?

– Eu jamais me prestaria a isso.

– Está bem. Vejo que a minha amiga de infância já não é mais a minha melhor amiga.

– Não é isso, Ana. Todos nós queremos o seu bem e a sua felicidade.

– Minha felicidade está condicionada a viver ao lado do João.

– Bom, o papo está bom, mas eu tenho aula. O ônibus vai passar daqui a meia hora e, como você sabe, não há outro para me levar. Vamos para a faculdade?

– Não. Eu não quero mais ir à faculdade. Imagine ficar lá olhando para a felicidade do João e sua nova namorada. Eu não suporto ver ele ao lado daquela menina. Se eu me encontrar com eles juntos novamente, sou capaz de me matar na frente dele.

– Deus do céu, tem piedade desta alma. Pare de tolices, minha amiga.

– É bom você rezar mesmo por mim, Tânia. Eu estou muito perto de me matar.

– É o que estou fazendo há dias.

– Faça isso, amiga. Reze por mim.

– Pode deixar. Eu vou continuar rezando para você esquecer definitivamente o João. Ele não merece nem uma lágrima sua.

– Agora vá para a faculdade e feche as cortinas, por favor.

– Você tem certeza de que não quer ir comigo?

– Sim, eu não quero sair daqui.

Tânia dirige-se à janela e fecha as cortinas. Voltando à cama, ela se senta ao lado de Ana e a abraça.

– Amiga, estou aqui para o que você precisar. Saiba que eu a amo e vou orar muito para você sair logo dessa onda. Se precisar de alguma coisa, é só me chamar, está bem?

Abraçada à sua melhor amiga, com os olhos marejados, Ana permanece em silêncio.

Após um longo abraço, Tânia deixa o lugar muito triste e preocupada.

– Se precisar, me ligue. Eu te amo...

Ana não diz nada. Apenas observa a escuridão de seu quarto frio.

Os dias passam...

Logo já se passaram seis meses do término do noivado de Ana Maria e João. Os alunos que moram nos alojamentos da faculdade já voltaram às suas casas para passar mais um Natal com seus familiares.

O domingo é de sol e o dia está quente. Como de hábito, os moradores se reúnem na praça principal da cidade. Barracas oferecem guloseimas variadas e todos estão muito felizes.

A quermesse da igreja está lotada e a rua está toda enfeitada com bandeirinhas. Vendedores de brinquedos divertem as crianças.

Moradores das cidades vizinhas buscam a pequena comunidade para se alegrar e comemorar o dia de Nossa Senhora da Conceição. O Natal está chegando. As ruas estão enfeitadas. Nas portas e nos jardins das residências há guirlandas espalhadas por toda parte. Enfeites decoram as casas. A cidade está em festa.

Mercedes, atendendo ao pedido de sua filha, havia trancado sua matrícula na faculdade. A depressão só aumentou nesse triste período da vida de Ana Maria. Muito magra e trancada em seu quarto, ela está irreconhecível. Tânia, sua melhor amiga, quase não tem tempo de visitá-la, pois está cuidando de sua mãe, que sofre com os sintomas da quimioterapia.

Mercedes entra no quarto naquele dia, chamando pela filha:

– Acorde, Ana! Venha! Vamos nos arrumar para ir à igreja. A cidade já está toda enfeitada e todo mundo está se divertindo. Você precisa reagir, menina. Você tem que sair deste quarto. Eu e o seu pai já não sabemos mais o que fazer.

– Não vou, mamãe.

– Vai, sim. Eu estou mandando; não estou pedindo. Você vai, nem que eu tenha que carregá-la de pijama pelas ruas da cidade.

– Eu não vou, e ponto final.

– Você já se olhou no espelho, menina? Você já viu o que fez com a sua vida? – pergunta Sônia.

Ana fica em silêncio.

– O seu pai está desgostoso da vida por sua causa. Ele não fala, mas eu sei o quanto ele está sofrendo por vê-la assim.

Ana permanece calada, mas seu coração chora a tristeza que ela está fazendo aos outros. Ela só pensa em se suicidar. Ana está convencida de que a única saída é realmente a morte.

Após uma pausa em silêncio, Ana fala com a mãe:

– Mais tarde eu me arrumo e vou à igreja, mamãe. Agora eu preciso ficar sozinha, por favor…

– Jura?

– Sim, eu vou à quermesse mais tarde.

– Ah, filha, que notícia boa! Quer que eu passe o seu vestido? – diz Mercedes, feliz.

– Sim, quero que você passe o meu vestido azul com detalhes de balões. Lembra-se dele?

– Eu me lembro, sim. Você não acha que é muito infantil aquele vestido?

– Não, mãe. Eu gosto de balões.

– Está bem, filha. Eu vou passar o seu vestido. Pode deixar.

– Agora me deixe sozinha, mãe, por favor.

– Eu vou à missa das 16h. E espero você na igreja.

– Pode deixar, mamãe. Daqui a pouco eu tomo banho e me arrumo.

– Que bom, filha! O seu pai vai ficar muito feliz em saber disso.

– Está bem, mãe.

Já está tudo planejado na mente de Ana. Ela vai até a igreja na missa das 18h para se despedir de Deus. E, em seguida, vai se atirar da única ponte que fica na rua da quermesse, a rua principal, por onde todos passam para ir ao centro da cidade e à igreja. Certamente todos irão ver sua morte. Ela espera que todos vejam mesmo, e contem seu trágico final para o João.

Mercedes sai para a missa acompanhada de seu esposo, Ernesto. Eles sequer percebem as intenções de Ana, que, muito calada e triste, vive uma depressão profunda.

Ana Maria senta e resolve escrever algumas cartas para se despedir das pessoas que ela ama.

A primeira é endereçada a seus pais. A segunda, à sua melhor amiga, Tânia. E, por fim, uma carta destinada ao João.

Assim ela escreve...

Querida mãezinha e querido papai,

Esta é uma carta de despedida. Eu fracassei...

Perdoem a minha atitude e o que fiz. Vocês foram, sem dúvidas, os melhores pais que eu poderia ter. Vocês me criaram com muito amor e eu agradeço muito por isso.

Pai, eu te amo. Não fique triste, não. Perdoe-me... Eu não consigo mais viver... O João me fez isso. Não fiquem chateados com ele. Eu é que não consigo viver sem ele. É fraqueza minha, e não consigo mais administrar os meus sentimentos.

Mãezinha, tantos dias juntas, tanta alegria, tantas coisas boas que você fez por mim... Eu te amo muito, mãe.

Não se culpe. Você fez tudo o que uma mãe amorosa pode fazer por um filho.

Perdoem-me. É só isso que quero dizer.

Obrigada por terem sido os melhores pais do mundo.

Por favor, me enterrem com o meu vestido de balões.

Com amor,

Ana Maria

Logo em seguida, ela escreve uma carta para a sua melhor amiga, Tânia.

Querida amiga,

Eu gostaria de lhe pedir perdão pelo meu fracasso. Sabe, Tânia, eu não suporto viver sem o João. Não consigo. Ele é meu e de mais ninguém. Como eu não consegui segurá-lo na minha vida, vou partir, deixando o caminho aberto para a felicidade dele.

Mas, confesso, quero – e desejo muito – que ele carregue consigo a minha morte pelo resto de sua vida, por ser ele o culpado do meu fracasso.

Você fez o que pôde. Não se culpe por eu ter desistido.

Obrigada por ter me ajudado tanto. E eu quero lhe pedir uma última coisa: reze por mim. Reze por mim lá no seu centro espírita, porque, se eu acordar depois da morte, é de você que irei precisar...

Se a vida continua, como você diz, agora eu vou descansar e viver em paz lá no céu, pois não sofrerei mais vendo a felicidade de quem eu amo longe de mim.

Tânia, obrigada por tudo.

Reze por mim e dê um beijão em todos os nossos amigos. Diga-lhes que estou em paz.

Beijos eternos,

Ana Maria

Ana Maria começa a chorar. E, antes que suas lágrimas molhem a folha de papel, ela começa a escrever a carta de despedida para o seu amado João.

Oi, João.

Eu sei que você deve estar bem feliz agora, né? Afinal, o caminho está livre para a sua felicidade. É, João, você sempre me disse que eu não era corajosa, mas agora eu lhe provei do que sempre fui capaz.

Eu te amei mais do que tudo nesta vida, João. Inclusive, te amei mais até do que a minha própria vida, que agora entrego a Deus.

Espero que você seja muito feliz ao lado de seu novo amor.

Está feliz agora, João? Você me destruiu. Vou conversar com Deus a nosso respeito. Espero que você seja muito feliz.

Fique com Deus, meu eterno amor.

Ana Maria

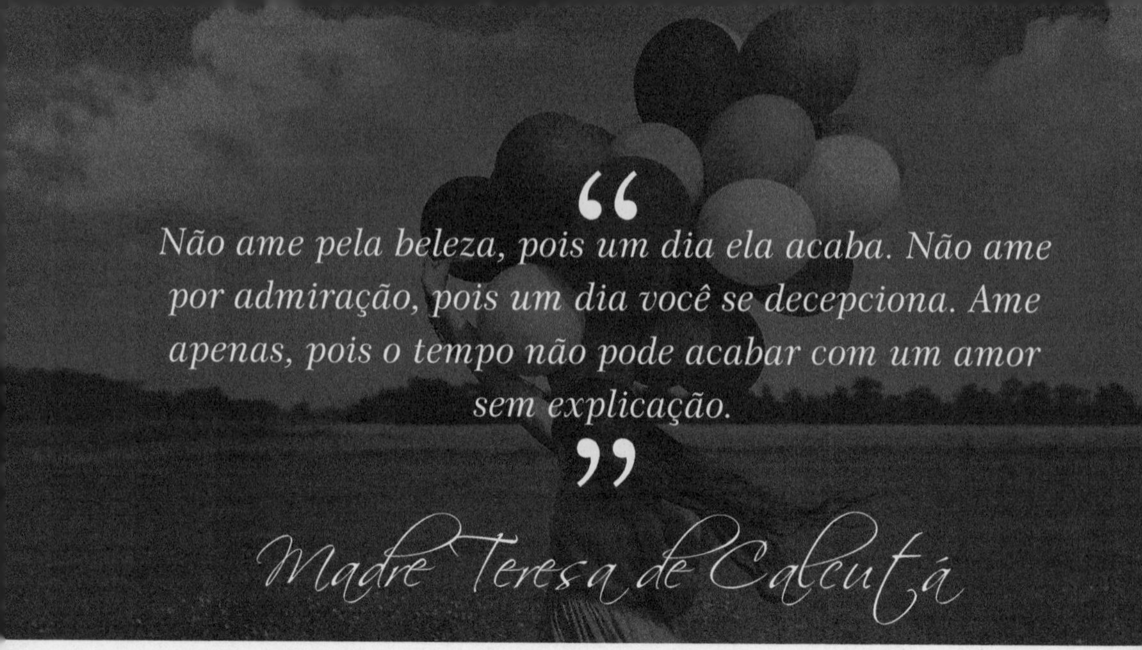

O Suicídio

Ana Maria toma um banho – o mais longo banho de sua vida. Ela desliza suavemente as mãos sobre seu corpo magro, despedindo-se do corpo físico, que está frágil e sofrido. Seus cabelos agora estão longos e descuidados. Mesmo assim, Ana guarda uma beleza natural. Sua pele branca com sardas realça seus olhos castanhos claros. Mesmo magra e abatida, Ana continua sendo uma mulher muito bonita.

Delicadamente, ela pega na cama o lindo vestido azul-claro estampado com balões coloridos. Há milhares de balões em seu vestido. Ela calça meias brancas e um lindo sapato branco com salto imperceptível. Um lindo laço também com detalhes em balões prende seu cabelo.

Ana Maria se senta à frente da única cômoda de seu quarto, envelopa as três cartinhas e as dispõe sobre a mesa de cabeceira que fica ao lado. Entre as cartas, ela coloca um vaso com uma única flor de cor branca, que Mercedes tem o hábito de trocar todas as semanas para alegrar o quarto da jovem.

Ela olha pelo espelho sua face magra e abatida. Disfarça suas angústias com uma maquiagem suave. Quem sabe ele não está na quermesse?! Ela não quer que João a veja como ela está. Embora muitos amigos o tenham procurado várias vezes para informar o estado da jovem, João não quis mais saber de notícias de Ana Maria após o término do noivado e se afastou completamente.

Ela se levanta, anda até a porta do quarto e, antes de sair, olha fixamente para o ambiente, despedindo-se do seu último refúgio.

Ana caminha até a igreja sob os olhares dos vizinhos, que, espantados, não conseguem esconder suas caras de reprovação.

Sem se importar com os olhares, ela segue até a igreja. É um intervalo entre uma missa e outra. Ana não vê seus pais. Ela entra, se senta num dos últimos bancos da igreja e se coloca em oração.

Então, Ana conversa com Deus:

Oi, Deus...

Eu não sei se a minha decisão vai agradá-lo, mas eu não quero mais viver aqui. Vou voltar para o céu. Vou acabar com a minha vida e espero que você me compreenda e me perdoe pelo que estou prestes a fazer.

Sabe, Deus, você não foi muito legal comigo.

Eu não quero mais viver sem o meu grande amor.

Eu não suporto vê-lo nos braços de outra mulher. Na verdade, eu nem sei se eles realmente estão juntos ainda. O que sei é que, se você realmente existe, você não foi legal comigo.

Bom, eu nem sei por que eu estou aqui. Eu não acredito que você exista. Mesmo assim, se você existir, está aqui o meu desabafo.

Obrigada, e olhe pelos meus pais.

Fique com Deus, Deus…

Está perto das 18h e as pessoas começam a chegar para a próxima missa.

Vizinhos e ex-amigos olham espantados para a jovem menina, filha de dona Mercedes e seu Ernesto. Os olhares ferem como flechas o coração vaidoso de Ana Maria, que se levanta e se dirige até a ponte.

A ponte é o único caminho. É o lugar pelo qual todos passam. O movimento é grande.

Ana se senta no peitoril da ponte.

Várias pessoas fazem isso. Elas ficam sentadas ali, olhando as pessoas passarem.

Há camelôs vendendo brinquedos. Vendedores de algodão-doce e pipoca fazem a festa. Todos a observam com olhar de reprovação. Afinal, Ana Maria, desaparecida das ruas da pequena cidade, era uma das jovens mais bonitas do lugar.

Ana observa todos com firmeza no olhar. Seu coração dispara quando ela vê surgir na cabeceira da ponte o seu grande amor, João. Ele está acompanhado de mais dois amigos.

Ana quase desmaia só de ver ele se aproximar. Suas carnes tremem sem ela conseguir controlar. Seu coração dispara como se fosse sair pela boca. Ela começa a suar frio.

João vê que Ana Maria está sentada e estranha a atitude da jovem. Na verdade, ele se espanta com a figura horrível que ela apresenta naquele momento. Seus pensamentos são de reprovação. Como uma pessoa tão linda e encantadora poderia estar assim?

João finge não ver a menina.

Ana quase não consegue segurar as batidas de seu coração, que disparou ainda mais naquele momento. João disfarça, rindo e brincando com seus amigos. Tenta fingir que não vê Ana Maria sentada muito próxima a ele. Ana assiste a tudo muito emocionada. Os olhares não se encontram.

Correndo entre a multidão surge Laura, que se joga nos braços de João. Ele tenta disfarçar para não magoar ainda mais Ana Maria, pois sabe quanto mal fez à sua ex-namorada.

A dor toma conta do peito de Ana Maria. Ela não quer acreditar que eles continuam juntos. Lágrimas brotam de seu olhar. João percebe a tristeza no rosto de Ana Maria, mas disfarça, como se nada soubesse ou quisesse ver.

Ana Maria, sentada no peitoril da ponte, com um gesto rápido, se joga de costas ao nada. A ponte tem aproximadamente 30 metros de altura. Todos gritam. "Meu Deus, ela se jogou!"

João corre para a beira da ponte e ainda consegue ver o frágil corpo de Ana flutuar nas águas do rio, sendo levado pela forte correnteza.

O desespero é total.

– Chamem os bombeiros! – dizem uns.

– Ajudem ela! – dizem outros.

Mas não há mais nada a fazer. Ana Maria morre instantaneamente após a queda. Aquela foi a pior quermesse da pequena cidade. Todos ficaram horrorizados com a morte da jovem menina com o vestido de balões.

Mercedes e Ernesto viveram ainda alguns anos – poucos anos, na verdade. A tristeza destruiu aquela casa. Aquela família. Aquele lugar.

Tânia sofreu durante meses a perda de sua amiga. Em todas as sessões no centro espírita, ela pedia aos mentores espirituais para auxiliarem Ana em sua caminhada na vida eterna.

Correntes de oração foram feitas durante muitos meses. Ana era sempre lembrada pelos colegas da faculdade.

João casou-se com Laura e tiveram dois filhos. Ele nunca gostou de tocar no assunto Ana Maria.

João e Laura foram felizes.

Após o suicídio, Ana Maria acorda em um quarto escuro. Muito atordoada, ela fica imóvel, sem entender muito bem o que lhe havia acontecido.

– Será que sobrevivi à queda no rio? Que lugar é este? O que eu estou fazendo aqui? Parece o meu quarto. Só faltava essa... Eu fracassei até no meu suicídio. Será que estou em um hospital? Eu não me lembro de ter sido socorrida...

Então, ela ouve passos no corredor que dá acesso ao seu quarto.

– Mãe, é você? Mãe? – grita a jovem. – Ué, por que será que a minha mãe não está me respondendo? Será que estou de castigo? Ah, que se dane! Uma hora ela vem falar comigo...

Durante horas ela fica ali deitada olhando para o teto, até que resolve abrir as janelas do seu quarto para ver o dia.

Ana se levanta e se dirige às janelas. Para a sua surpresa, não era dia, nem era noite. Parecia um fim de dia, em que a claridade da vida se encontra com a tristeza da noite.

– Que horas são? Cadê a minha mãe? Pai? Cadê o meu pai?

Então, Ana resolve ir à cozinha pegar alguma coisa para comer, mas descobre que a porta está trancada por fora. Tenta acender as luzes, mas elas não funcionam. Desesperada, ela começa a bater na porta com os dois punhos cerrados.

– Mãe, mãe, abra aqui! Eu quero comer. Mãe! – grita ela bem alto.

O silêncio toma conta do lugar.

Ana começa a ficar assustada.

– Pai, cadê vocês? Por que vocês me trancaram aqui? Pai? Pai, me ajude!

O silêncio se faz ainda mais profundo.

Ana fica com medo.

– Meu Deus, que lugar é este? Parece o meu quarto, mas não tem os balões.

Então, ela se lembra de que estava usando o vestido que mais gostava, o vestido de balões.

Ana olha para o próprio corpo e vê que continua usando o mesmo vestido.

– Eu continuo com a mesma roupa. Por que será que não me trocaram? Aqui é um hospital ou o quê? Que lugar é este? Deus me ajude!

Durante alguns dias, ela fica trancada ali sem ter o que comer e beber. A escuridão, na verdade, é o que mais a incomoda.

Por vezes, ela ouve passos no corredor e grita desesperadamente por ajuda.

– Será que eu morri? Estou há dias aqui. Não sinto fome nem sede. Será que eu morri mesmo? E essas pessoas que passam pelo corredor, quem são? Por que não me ajudam? Eu sinto fome, mas não morro de fome... Eu sinto sede, mas não morro de sede... O que será que está acontecendo comigo?

Ana adormece. Após algumas horas, ela é acordada por um rapaz que está de pé ao seu lado.

Nesta hora, Eleonora chega, trazida por Nina.

– Olhe como ela está sofrida.

– Ela vai se recuperar. Observe o atendimento que o Gilberto vai dar a ela, para você aprender.

– Pode deixar, Nina.

Assustada, Ana Maria se senta na cama.

– Quem é você?

– Eu me chamo Gilberto.

– Gilberto... Eu não conheço nenhum Gilberto.

– Passou a conhecer agora.

– Mas o que você está fazendo aqui no meu quarto?

– Seu quarto?

– Sim, meu quarto.

– Então, cadê os balões?

– Não sei. Alguém tirou. Deve ter sido a minha mãe, depois do acidente. Ela deve estar com muita raiva de mim, por isso me tirou o que mais gosto. Ou o meu pai pintou o meu quarto.

– De que acidente você está falando, Ana?

– Não importa. Eu não quero falar sobre isso.

– Como assim, não importa? Você acha que eu estou fazendo o que aqui?

– Não sei, mas eu não quero falar sobre o acidente.

– Olhe, Ana, eu me chamo Gilberto e sou médico aqui nesta unidade de pronto atendimento.

– Ah, então, aqui é um hospital?

– Sim. Quer dizer, não é um hospital como você conhece, mas é um hospital.

– Então, doutor Gilberto, o senhor pode me explicar o que está acontecendo aqui? O que está acontecendo comigo?

– Você está preparada para saber?

– Preparada para saber o quê?

– Para saber toda a verdade?

– Depende, né, doutor... Se for alguma coisa ruim, eu não quero nem saber. Eu quero ver os meus pais. O senhor pode chamar eles para mim?

– Olhe, Ana Maria, este hospital em que você está agora é um pouco diferente dos hospitais que você conheceu até hoje. Aqui tratamos almas doentes.

– Ih, já vi que você é amigo da Tânia.

– Quem é Tânia?

– Minha amiga da faculdade.

– Sim, e o que tem essa Tânia?

– Ela é espírita.

– Que bom que ela já encontrou o caminho!

– Não venha com esse papo de Espiritismo, por favor, doutor. Eu não acredito em nada disso.

– Você está lembrada do que aconteceu? Ou melhor, está lembrada do que você fez?

– Eu tentei me suicidar. Até deixei umas cartas para serem lidas caso eu tivesse morrido. Mas pelo visto não deu certo.

– Você se lembra do dia e do lugar em que você fez o que fez?

– Sim, foi no último dia 8 de dezembro, lá na ponte que dá acesso à igreja.

– E você se lembra dos últimos momentos?

– Sim, depois que vi o João com aquela garota, eu apoiei o meu pé direito sobre o muro da ponte... sei lá o nome daquilo... e me joguei para trás, caindo no rio. E agora estou aqui, infelizmente vivinha da silva. Você não quer se sentar, doutor Gilberto?

– É, acho melhor eu me sentar mesmo. Estou vendo que a nossa conversa será longa.

– Como assim, longa?

Gilberto caminha até o canto do quarto e pega um dos bancos que estão disponíveis embaixo de uma pequena mesa de três lugares.

Assentando-se ao lado de Ana, ele começa a falar:

– Bom, Ana, você acertou quase tudo o que aconteceu com você. Mas devo alertá-la de que existem coisas que você ainda não compreendeu e que, embora tenha sido alertada por sua amiga Tânia, você não deu ouvidos.

– O que, por exemplo, doutor?

– A morte.

– Como assim? A Tânia era muito chata com esses assuntos de Espiritismo. Você a conhece?

– A morte não existe, Ana. E você fez tudo aquilo que nenhum encarnado deve fazer. Nós conhecemos a Tânia quando visitamos o centro espírita em que ela trabalha.

– Como assim? Eu estou ficando confusa, doutor.

– A Tânia é uma velha conhecida nossa. Em momento oportuno, eu lhe explico melhor.

– Você também vai ao centro espírita dela?

– Sempre que posso ou quando sou convidado, eu vou, sim.

– Que lugar é este? O que estou fazendo aqui? Parece que é o meu quarto, mas cadê a minha mãe? Cadê o meu pai? Cadê as minhas coisas?

– Ana, você tentou contra o bem maior que Deus lhe deu. E, quando se faz isso, as consequências não são boas.

– Lá vem você com esse papo de vida eterna, de que não podemos cometer suicídio etc. A minha amiga, a Tânia, já havia me falado muito sobre isso. O que acontece é que eu não acredito nisso. Eu não acredito em vida após a morte. Olhe para mim, doutor. Eu me atirei daquela altura e estou aqui vivinha! Olhe para mim! Você acha mesmo que estou morta?

– Sua amiga Tânia deve estar muito bem, né?

– Ela está fazendo faculdade comigo. Realmente, ela é uma pessoa bem feliz, embora a sua mãe tenha ficado muito doente.

– E você?

– Eu… eu só fiz sofrer, doutor. O homem que eu mais amei e ao qual mais me entreguei me traiu e, pior, me trocou por outra.

– O João?

– Sim. Você conhece o João?

– Sim.

– De onde o senhor o conhece? E que hospital mais maluco é este em que ninguém veio até hoje aqui para me aplicar algum remédio? Nem me deram comida, nada! Eu nunca vi sequer uma enfermeira aqui. A porta está sempre trancada, como se eu estivesse presa em uma cadeia. A única pessoa que vi até hoje de branco aqui foi você, se assim eu posso chamá-lo.

– Aqui é uma unidade de atendimento, Ana. Este hospital se chama Núcleo de Atendimento e Socorro da Colônia Espiritual Amor e Caridade e fica localizado no Umbral. Aqui há enfermeiras, sim. Elas ficam nas alas de atendimento do lado norte. E você está presa, sim, mas presa aos seus sentimentos e pensamentos. Eu só consegui entrar aqui porque a sua amiga Tânia ora por você todos os dias e também quando vai ao centro espírita, três vezes por semana, e porque a sua mentora espiritual está sendo treinada para, em um futuro breve, espero, estar ao seu lado na próxima encarnação. A sua mãe e o seu pai batem às portas das casas espíritas pedindo informações sobre o seu paradeiro. Eles vivem pedindo para receber uma cartinha, como aquelas que o Chico fez a vida inteira, consolando corações aflitos e sofridos pelos filhos que se foram.

Ana começa a chorar.

Gilberto, percebendo o despertar da menina, aproxima-se e abraça Ana Maria.

Ela chora de soluçar.

– Fique calma. Você precisa se desligar da depressão. Precisa se esquecer do seu quarto e se libertar para as novas experiências que estamos dispostos a lhe apresentar. Essas novas oportunidades vão tirá-la desse estado de amargura.

– Meu Deus, o que fiz da minha vida?!

Um raio de sol adentra o quarto pela vidraça suja da janela e clareia parcialmente o ambiente.

– Veja! Conforme você muda o seu pensar, as coisas ao seu redor se modificam.

– Por que eu estava na escuridão?

– Primeiramente, porque você cometeu o suicídio. E também porque esse é o seu estado de espírito neste momento.

– Isto aqui é uma cidade?

– Isto aqui é um lugar onde ninguém quer estar. Aqui há muito sofrimento. Aqui há muita dor, muita angústia e muita tristeza.

– Então, por que você veio me socorrer?

– Eu já lhe expliquei os motivos que me trouxeram aqui. Mas vou repetir, para que você grave bem na memória os porquês que a vida nos apresenta diariamente e em que temos que acreditar, pois há algo maior a nos guiar pelas difíceis estradas da evolução. Eu vim aqui porque sua amiga orou muito e pediu muito por você. E eu vou lhe contar um segredo: ela merece tudo o que nos pede.

– É assim que as coisas funcionam?

– Sim. Quando pedimos com o coração, Deus nos houve rapidamente.

– Meu Deus, por que causei esse sofrimento a quem eu mais amo? Por que tirei minha vida?

– Pelo egoísmo. Você só pensou na sua dor. Você não pensou na dor que poderia causar com a sua atitude. Você não pensou na dor dos outros que a amam.

– É verdade, Gilberto. Eu só pensei na minha dor.

– Não se desespere. Ainda há tempo para consertar as coisas.

– O que eu tenho que fazer para consertar as coisas?

– Arrepender-se sinceramente!

– Eu estou pronta para isso, doutor.

– Sabemos disso.

– Sabemos, quem?

– Eu e Ele.

– Deus ouve a nossa conversa?

– Se não ouvisse, qual seria a utilidade dela? – pergunta o sábio instrutor.

– É verdade. Perdoe-me.

– Não tem que me pedir perdão. Você tem é que se perdoar.

– Por que me perdoar?

– Todo mal que faz a si ou a alguém reflete em si mesma. Essa é a Lei.

– Quer dizer que, pelo fato de ter me suicidado, eu vou ter que pagar por isso?

– Sim. Nós somos os únicos responsáveis por nossas atitudes e nossos atos, e colhemos na vida espiritual tudo aquilo que fizemos de bom ou de mau.

– Estou preparada para sofrer.

– Não é isso. Você não vai sofrer.

– Ah, que bom!

– Só sofrem aqueles que não compreendem e não aceitam Ele como único e verdadeiro salvador. Só sofrem os egoístas, os malfazejos, os injustos, os maledicentes, enfim, os que não temem a Deus.

– Vou lhe confessar uma coisa, Gilberto. Eu me arrependo, sim, de ter tirado a minha própria vida. Mas, por outro lado, eu me sinto aliviada de não sofrer mais pelo João. Eu sinto muito por ter feito meus pais sofrerem e sinto pelos amigos sinceros, mas não sinto por mim.

– Olhe, Ana, se eu fosse você, nem diria isso, porque, na verdade, o espírito de um suicida faz, sim, muito mal a si. Você não está sofrendo agora porque estamos esclarecendo alguns pontos que aconteceram com você, mas a maioria dos suicidas são levados para o Vale dos Suicidas, um lugar muito triste de se viver que existe aqui no Umbral. E o fato de você ter se suicidado vai, sim, refletir muito na sua vida daqui para a frente.

– Eu vou ser castigada?

– Você já está sendo castigada.

– Meu Deus, tem piedade de mim!

– Isso mesmo, menina. Peça perdão a Ele. Agora eu tenho que voltar aos meus afazeres. Deite-se, descanse e reflita sobre o que conversamos. Depois eu volto para vê-la.

– Obrigada, Gilberto.

– De nada, Ana.

Ela se deita e Gilberto sai do quarto para cuidar do Núcleo do qual ele é o diretor responsável. Ana fica reflexiva após ouvir as instruções de Gilberto e se acalma.

O que será que vai acontecer com Ana? Qual será o destino dela após o suicídio? O que nos espera na vida eterna?

– Eu posso dar um passe nela, Nina? – pergunta Eleonora.

– Sim, claro que sim – responde Nina.

Naquele momento, todo o quarto em que Ana Maria está se enche de luz. Eleonora abre os braços e um lindo feixe de luz de cor violeta invade todo o ambiente.

Ana Maria percebe que tudo está diferente e, relaxada, consegue dormir, enquanto Eleonora se aproxima e beija sua face.

Após alguns minutos, deixamos o lugar.

Confesso a você que aprendo muito nas psicografias e sou muito grato a Deus e aos meus mentores por esta linda e edificante oportunidade, na qual convido você a me acompanhar até o final deste lindo livro.

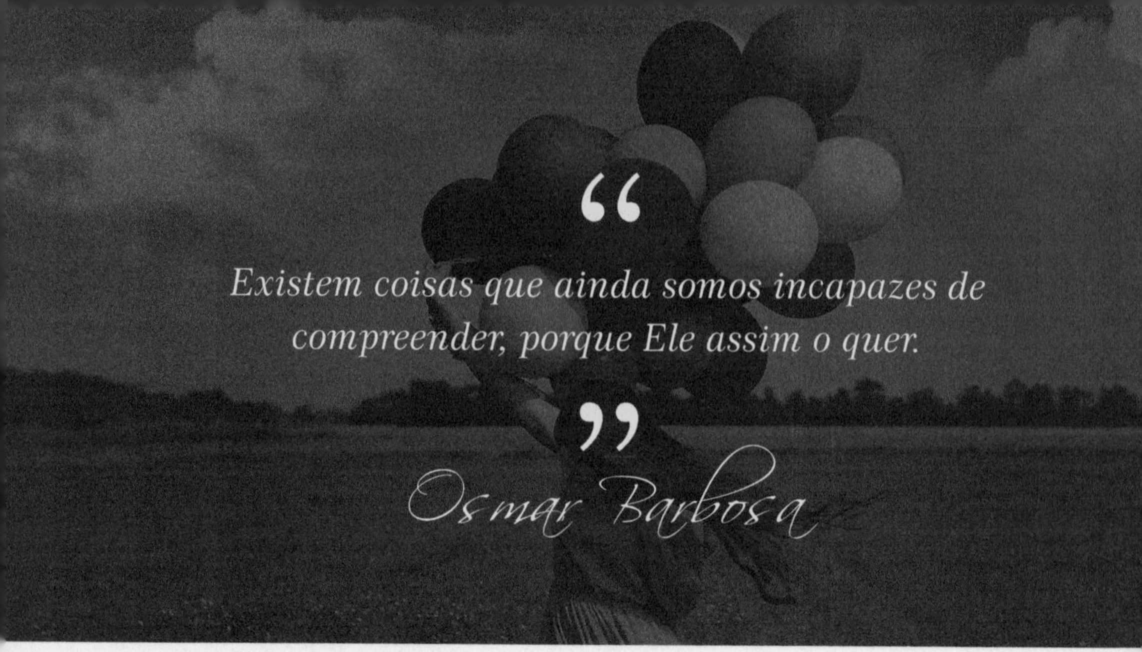

O Núcleo

Existem, no mundo espiritual, cidades espirituais, colônias espirituais, núcleos espirituais, planos transitórios, dimensões espirituais e muito mais.

Entre todas as cidades que existem, e são mais de 70 mil sobre o orbe terreno, há uma que nenhum espírito se compraz em estar ou até mesmo em conhecer.

Essa cidade ou estação provisória é chamada de Umbral.

É para lá que vão todos os espíritos que ainda não compreenderam a necessidade de evoluir. Fomos criados com o único propósito de "evoluir" para ascender a planos superiores. Espíritos evoluem sempre. Nenhum espírito retroage. Pode acreditar nisso!

O Umbral é o lugar onde se concentram todas as energias negativas. Ele é escuro, úmido e lamacento. Milhares de espíritos ficam a vagar pelo Umbral porque não compreendem os motivos que os levaram para lá. Se ainda somos incapazes de acreditar que somos eternos, imagine acreditar que o Umbral existe.

No Umbral vivem verdadeiros exércitos de espíritos malfazejos, espíritos que se agrupam e se reúnem exclusivamente para praticar o mal.

Somos espíritos livres. Estaremos sempre onde estiverem os nossos sentimentos, e Jesus nos passou esse ensinamento quando afirmou: "Não ajunteis tesouros na terra, onde a traça e a ferrugem tudo consomem, e onde os ladrões minam e roubam; mas ajuntai tesouros no céu, onde nem a traça, nem a ferrugem consomem, e onde os ladrões não minam nem roubam. Porque onde estiver o vosso tesouro, aí estará também o vosso coração."

Como nos alertou o Rabi no versículo acima, se você for uma pessoa que cultiva boas atitudes e bons sentimentos; se você for uma pessoa caridosa, amorosa, gentil, correta, justa e benevolente, você certamente não conhecerá o Umbral. Se o seu caráter for bom, eu posso lhe assegurar que você não passará pelo Umbral.

Mas, se a sua vida for levada de forma leviana; se você não acreditar em nada; se você não se importar com seus semelhantes; se você usar drogas, beber, fumar e se deixar viciar; se você for um espírito malfazejo; se você praticar o mal mesmo sem perceber e, quando perceber, não se arrepender; se você for uma pessoa mentirosa, negativa, sem caráter e sem pudor, prepare-se para conhecer a região que os católicos chamam de inferno e que os espíritas chamam de Umbral. Uma área muito triste, onde o sol quase não aparece e a chuva é constante e necessária para diluir a carga fluídica negativa que há em todo o lugar.

Há no Umbral organizações de espíritos que, por afinidade, se agrupam para praticar todo tipo de maldade. Existem ainda animais peçonhentos – tais como cobras, lagartos e escorpiões –, aves – em sua maioria negras –, cachorros e lobos – muito comuns no Umbral.

Também há divisões por vibrações espirituais. Essas divisões são administradas por espíritos que se reconheceram dentro dessa vibração e comandam legiões do mal. Há ainda um lugar chamado Abismo e outro com o nome de Trevas, entre várias regiões e vibrações negativas.

Existem também cidades separadas, administradas por outras espécies de espíritos, que já estão há milhares de anos no Umbral – regiões tais como o Vale dos Suicidas, a Cidade dos Drogados, os núcleos e os educandários, entre várias outras cidades que lá existem.

Há no Umbral festas constantemente regadas a muitas drogas e bebidas, trazidas pelos espíritos mais sábios que preferem viver assim.

Tudo na vida espiritual é fluídico. Só espíritos que adquirem certo grau evolutivo reconhecem o que é fluídico e o que é imaginário no Umbral.

Assim, líderes conseguem arrebanhar multidões de espíritos, que passam a segui-los para poderem usar as drogas e as bebidas feitas por eles após a condensação fluídica.

Existem ainda os postos de socorro. Eles se encontram espalhados pelas regiões mais sombrias do Umbral. São locais de ajuda, semelhantes aos complexos hospitalares que existem aqui entre nós. Normalmente, esses postos de socorro são vinculados a uma colônia de nível superior.

Várias colônias de nível superior são devidamente representadas no Umbral. Nesses postos de socorro encontramos espíritos missionários vindos das regiões mais elevadas para trabalhar na ajuda aos espíritos que vivem nas cidades e regiões do Umbral e que estão à procura de tratamento ou orientação.

Quando um espírito ajudado e acolhido pelos missionários de luz desperta para a necessidade de melhorar, crescer e evoluir, ele é levado para uma colônia, onde será tratado e passará o seu tempo estudando e realizando tarefas úteis para o seu aperfeiçoamento.

Quando esses espíritos se sentem incomodados e mergulhados em sentimentos como o ódio, a vingança e a revolta, eles acabam retornando espontaneamente para os lugares de onde saíram. Isso é muito comum no Umbral. Nós continuamos sempre com o nosso livre-arbítrio. Deus permite que isso aconteça, para que nós nos ajustemos e encontremos o verdadeiro sentido da vida.

Assim como as colônias espirituais, o Umbral foi criado antes da chegada do espírito ao planeta Terra. Tudo já estava preparado quando chegamos aqui. Ele, que tudo sabe e tudo vê, sabia da necessidade de acolhimento e compreensão para que nós, Seus filhos, pudéssemos alcançar a tão sonhada evolução espiritual.

Nos postos de socorro situados no Umbral trabalham médicos, enfermeiros e atendentes que, durante algum período de suas encarnações, experimentaram isso sobre a Terra. Assim, esses espíritos utilizam os conhecimentos e as experiências adquiridas nas encarnações para auxiliar os espíritos que sofrem nesse lugar.

O Núcleo é uma região que fica na parte central do Vale dos Suicidas. É para onde os espíritos são encaminhados após os tratamentos de equilíbrio nos postos de socorro.

Somente aqueles que se arrependem e desejam recomeçar são levados ao Núcleo. Lá se concentram as escolas, as universidades e os setores de amparo e auxílio educacional e correcional àqueles que desejarem, através da reencarnação, reparar os erros cometidos na vida passada.

Ana Maria será transferida da unidade de atendimento em que se encontra após se arrepender de ter cometido o suicídio, se conscientizar de que é um espírito em evolução e realizar trabalhos no posto ao lado de Gilberto e sua equipe em favor dos mais necessitados, alcançando esse merecimento. Gilberto havia intercedido para que Ana Maria fosse levada ao Núcleo. O pedido foi atendido, e ela receberá a notícia dada pelo agora amigo e chefe.

Gilberto volta a se encontrar com Ana Maria.

– Como está o seu dia, Ana?

– Hoje estou muito atarefada, Gilberto.

– Vejo que você está muito bem e fico extremamente feliz com o resultado do seu esforço para melhorar.

– Eu sou muito grata a você, Gilberto, por ter ouvido as preces da minha melhor amiga e ter me socorrido. Hoje eu consigo dimensionar o mal que fiz a mim mesma, aos meus pais e aos meus amigos. É trabalhando e me dedicando que vou conseguir ascender aos planos maiores e desfazer tudo o que fiz àqueles que tanto me amavam. Eu não deveria ter feito o que fiz, mas, já que fiz, tenho que me dedicar e me esforçar para reparar o meu erro.

– Estamos todos muito satisfeitos com sua dedicação e, principalmente, com sua transformação, Ana Maria.

– Eu quero muito mais do que isso, Gilberto. Eu quero reparar definitivamente o que fiz. Sei que vou precisar de alguns anos, pois quem tira a própria vida comete falta gravíssima ante os olhos da Criação.

– Podemos quase tudo, você não acha? – ressalta o instrutor.

– Sim. Somos livres, e a liberdade do espírito é, sem dúvidas, o maior gesto de amor que nosso Pai nos dá. Ele permite que façamos tudo, até mesmo que tiremos a própria vida, mas, como consequência de nossos atos, seremos levados à colheita do fruto semeado. Não é todo dia que há mães dispostas a nos permitir uma encarnação ao lado delas. Precisamos nos amar mais e dar mais valor à vida e às oportunidades que se apresentam para nos permitir a evolução espiritual.

– É verdade, Ana. Todos precisam se conscientizar de que a encarnação não é simplesmente nascer. Ela é muito mais que isso. E tem objetivos claros aos olhos daqueles que se percebem parte da Criação Divina.

– Sim, é necessário, primeiro, que um espírito lhe permita ser filho dele e, segundo, que estejam todos preparados para os desafios evolutivos pelos quais precisam passar para ascender às esferas superiores. Sem acreditar nisso, nós estacionamos. E, quando isso acontece, os maiores prejudicados somos nós mesmos.

– Pois eu tenho uma boa notícia para lhe dar. Quer saber?

– Sim, claro, Gilberto! Vindo de você, eu tenho certeza de que é algo que vai me ajudar.

– Conseguimos sua transferência para o Núcleo.

– Sério?

– Sim, você pode ir a hora que quiser.

– Meu Deus, como és misericordioso para com teus filhos! – Feliz, Ana abraça Gilberto carinhosamente. – Eu quero lhe agradecer por tudo, Gilberto. Sei que estou somente no começo do caminho. Sei que os anos em que fiquei aqui, ao lado de vocês, foram de suma importância para que eu conseguisse permissão para ir ao Núcleo. Agradeço muito à minha mentora espiritual, que sempre intercedeu pelo meu melhoramento. Embora eu ainda não a conheça, sempre soube que ela esteve presente em meu despertar espiritual.

– Ela realmente fez a diferença na sua vida até agora.

– Eu espero chegar lá, meu amigo, e me dedicar ao máximo para merecer novamente ir para uma colônia encarnacionista e recomeçar ao lado dos meus pais e, principalmente, ao lado do João. Eu preciso reencontrá-lo e reparar meus erros. Preciso pedir perdão a todos que magoei ou feri.

– Você merece todas as suas conquistas, Ana. Aproveite ao máximo tudo o que lhe for apresentado daqui por diante e livre-se definitivamente das encarnações.

– Eu prometo a você e a todos que me ajudaram que vou estudar e me empenhar ao máximo para que, quando voltar à encarnação, possa suportar minha prova até os últimos segundos de vida e extrair dela o ingresso para viver eternamente aqui, ao lado de vocês, auxiliando e sendo auxiliada. Quem não acredita e não vê o que é isto aqui não sabe o que é ser feliz em essência, pois a felicidade verdadeira está em servir sempre.

– Eu vou ficar esperando você voltar para me ajudar, Ana.

– Espero conseguir, Gilberto.

– Siga com essa mesma determinação, e tenho certeza de que você conseguirá.

– Espero, meu amigo.

– Agora vá até seus aposentos, pegue suas coisas e faça uma boa viagem.

– Obrigada por tudo, Gilberto.

– Vá com Deus, Ana Maria!

– Fique com Ele e com os Mestres.

– Assim seja.

Ana abraça seu instrutor e segue suas orientações, sendo encaminhada para o Núcleo, onde terá que estudar e se dedicar muito para merecer uma nova encarnação.

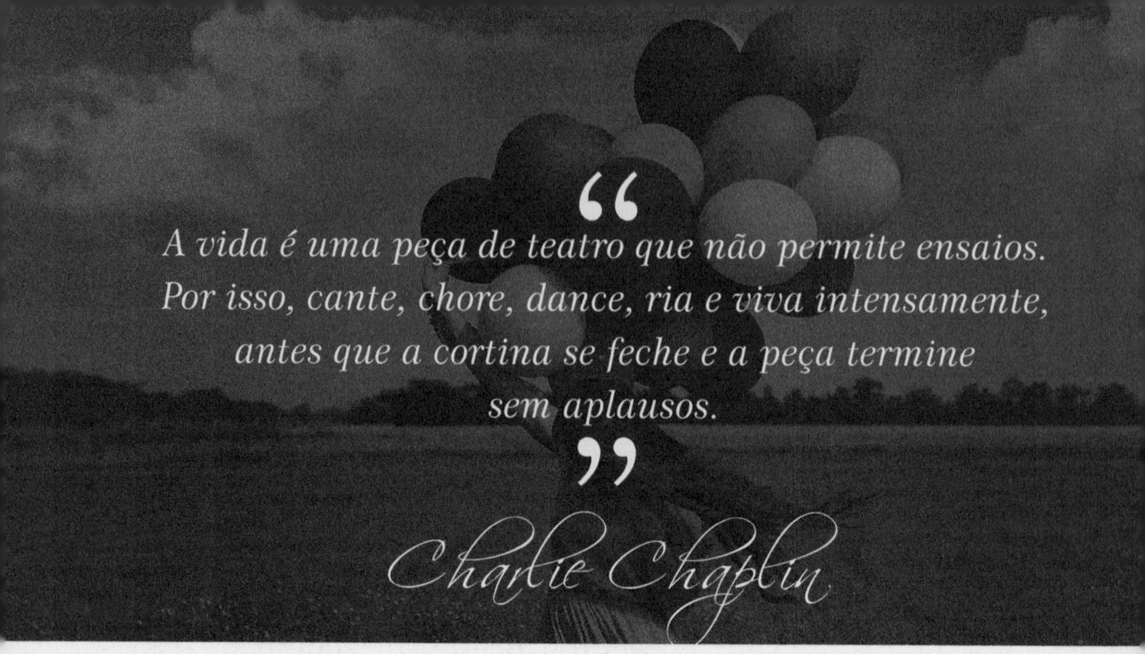

São Paulo

Algum tempo depois...

– Bom dia, Natália – diz Sônia, abrindo a cortina do quarto da humilde casa de poucos cômodos no interior do estado de São Paulo.

Natália cobre o rosto com as mãos, tentando evitar a claridade que invade seu quarto repentinamente. É verão, e os dias começam cedo com o sol bem forte. Hoje faz 23 graus.

– Mãe, feche isso aí. Eu já vou! – diz a menina, irritada.

– Levante-se, menina. Você vai perder a hora da escola. Ande logo, Natália!

– Já estou indo, mãe.

Natália é morena de cabelos negros, olhos castanhos claros e lábios carnudos. Ela é a menina mais bonita de sua escola.

– Levante-se, Natália! – grita sua mãe, impaciente.

– Eu já vou, mãe.

Sônia, então, se aproxima e tira a coberta que esconde todo o corpo da jovem menina de apenas 15 anos.

– Poxa, mamãe, você não é mole mesmo! – diz Natália, levantando-se.

– Vá escovar os dentes, menina. Seu café já está na mesa. Ande! Acorde! Coma logo e vá para a escola.

– Já estou indo, dona Sônia – diz Natália, já acordada.

– Estou esperando você na cozinha. Pegue os cadernos e veja se não esquece nada, hein!

– Pode deixar, mãe. Eu já separei o material de hoje. Fiz isso ontem à noite.

Natália, além de ser a menina mais bonita da escola, é também uma das melhores alunas. Afinal, ela sonha em passar para uma faculdade pública. Seu sonho é ser uma advogada bem-sucedida.

– Ande logo, menina! Saia da frente desse espelho e venha tomar café. Você vai se atrasar, menina!

– Fique tranquila, mãe.

Após tomar café, Natália caminha até sua escola, que fica a apenas dois quarteirões de sua casa. A escola é pública, mas todos de sua turma estão focados em passar para uma faculdade federal. O grupo é bem unido e, todos os finais de semana, se reúne para aprofundar a matéria dada na semana pelos professores.

Após vinte minutos de caminhada, ela finalmente chega à escola.

As amigas Débora e Solange estão esperando por ela no pátio central da escola.

– Oi, Débora!

– Oi, Nat! Tudo bem?

– Sim, e você? Oi, Solange!

– Oi, Natália!

– Ainda não tocou o sinal, né?

– Claro que não. Você não está vendo que estamos todos esperando pela diretora?

– Continuo dormindo – diz Natália, arrancando risos das amigas. – Você viu o Josimar hoje, Débora?

– Vi sim, Natália. Ele está lá atrás com os meninos, jogando bola.

– Você continua apaixonada por ele?

– Nunca estive tão apaixonada por um garoto – confessa Natália.

– E quando é que vocês vão conversar?

– Estou esperando o tonto me convidar para alguma coisa, ora!

– Aproveite a festa da igreja na semana que vem e convide ele para ir com você.

– Débora, você ficou maluca? Você já me imaginou convidando algum garoto para sair?

– Esse tempo já era, Nat. As coisas agora estão bem para a frente. Convide ele, e pronto!

– Nunca que eu farei uma coisa dessas – retruca Natália.

– Eu vou aproveitar a festa para dar em cima do Carlinhos.

– Mas você é dada mesmo, hein, Solange! Você só quer saber de beijar na boca.

As meninas caem no riso.

– Olhem, ele está vindo para cá.

– Disfarce e não olhe para ele, Natália.

– Pode deixar.

Josimar se aproxima das meninas, acompanhado de seu amigo Carlinhos.

– Bom dia, meninas!

– Bom dia! – diz Débora.

– Bom dia! – diz Solange.

Natália permanece calada. Josimar se aproxima dela e pergunta:

– Perdeu a língua, Natália?

– Não, não perdi. Desculpe-me. Bom dia!

– A aula hoje é de história, não é, meninas?

– Sim, Carlinhos, hoje é aula de história.

– Pois eu acho que nós não vamos ter aula hoje.

– Como assim, Josimar?

– O marido da dona Margarida estava passando mal hoje pela manhã. Como vocês sabem, essa professora é minha vizinha e eu vi que ela saiu bem cedinho para levar o seu João para o hospital. E até agora não a vi passar para a sala dos professores.

– Será que não teremos aula hoje? – pergunta Débora.

– Eu proponho irmos passear na praça antes de voltarmos para casa, caso não haja aula – diz Carlinhos, olhando fixamente para Solange.

– Eu topo – diz a menina.

– Eu também topo – diz Natália.

– Se não tiver aula, vocês podem ir. Eu tenho algumas coisas para resolver em casa. E minha mãe não vai ficar nada feliz se souber que eu não tive aula e não fui para casa – diz Débora, chateada.

– Você não vai contar para ninguém que a gente foi para a praça, né, Débora?

– Pode deixar, Josimar. Eu não conto para ninguém.

– Olhem, lá vem a diretora! – diz Josimar.

A diretora toca o sinal e avisa que os alunos da aula de história estão dispensados, pois a professora não veio, e podem retornar para suas casas.

No coração de Natália há uma felicidade única.

– Vocês viram?! Nós não vamos ter aula! Vamos para a praça? – pergunta Carlinhos.

– Vamos! – dizem todos, menos Débora, que segue para sua casa.

– Venha, Natália. Posso caminhar ao seu lado?

– Sim, Josimar. Pode, sim.

Solange e Carlinhos caminham mais adiante. Natália e Josimar seguem um pouco mais atrás.

Logo eles chegam à praça principal da pequena cidade. Há vários jardins, um pequeno lago e árvores de diversas espécies, que proporcionam sombras magníficas para o descanso no solo verde e gramado.

Josimar e Natália se sentam muito próximos ao lago. Natália, ao sentar-se no chão, começa a jogar pequenas pedras, provocando pequenas marolas nas águas limpas e transparentes do lago.

Josimar se senta ao seu lado.

– Você vai matar os peixinhos – diz o rapaz.

– Essas pedras não são grandes o suficiente para matar os peixes do lago.

– Estou brincando – diz Josimar.

Josimar é moreno, com cabelos crespos, olhos esverdeados, corpo atlético e um lindo sorriso. Ele tem apenas 16 anos.

– Eu posso perguntar uma coisa para você, Natália? – diz o rapaz.

– Sim, pode.

– Você tem namorado?

– Não, eu não tenho namorado – responde Natália.

– E você pensa em namorar alguém?

– Eu já tive alguns namorados, mas no momento estou sozinha.

– É bom saber disso.

– Eu já namorei uns meninos, mas nada sério. E por que é bom saber disso?

– Eu posso fazer outra pergunta para você? – insiste Josimar.

– Sim, mas você não respondeu a minha pergunta.

– Eu posso namorar você?

– Nossa, mas você é direto, hein, Josimar!

– Perdoe-me se a ofendi. É que eu olho para você todos os dias e sinto algo muito profundo dentro do meu coração. Eu não sei muito bem o que está acontecendo dentro de mim, mas é algo inexplicável, como se eu a conhecesse há muito tempo.

– Josimar, nós nos conhecemos desde o jardim de infância, lembra?

– Sim, eu me lembro. E, desde pequeno, eu sonho em namorar você.

– Que loucura! E você nunca me falou nada? Garoto!

– Eu preciso que você responda a minha pergunta. Você quer ser minha namorada? – pergunta Josimar, aproximando-se ainda mais de Natália.

Ela não refuta a aproximação do rapaz e lhe permite um caloroso e ardente beijo. Seu coração dispara.

Ambos se deitam no gramado e o primeiro beijo do casal se estende por minutos sem fim.

Natália sente uma emoção muito forte e gosta do jeito doce do beijo do rapaz, que, por sua vez, já se sente apaixonado.

– Você beija bem!

– Você acha?

– Sim, seu beijo é caloroso.

– Obrigado pelo elogio, Natália.

– E o que você achou do meu beijo?

– Eu não tive a sorte de beijar muitas meninas assim como você, que disse que já namorou muitos rapazes, mas seu beijo é algo com que sempre sonhei. E, quando a gente realiza um sonho, tudo é mais gostoso. Você não acha?

– Você sempre sonhou em me namorar?

– Desde o jardim de infância, Natália. Eu ficava vendo você brincar com as outras meninas e sempre me imaginava ao seu lado, perto de você. Uma vez, na festa de Natal da escola, eu estava vestido de rena do Papai Noel, lembra? Nós éramos bem pequeninos, mas eu me lembro de que você começou a rir da minha roupa e eu fiquei muito chateado. Minha mãe, sem entender nada, insistia para que eu ficasse com a roupa de rena e eu insistia em tirá-la.

– Eu não me lembro disso – diz Natália.

– É claro que você não vai se lembrar. Não foi você a vítima da chacota da turma do jardim de infância.

– Perdoe-me se o magoei naquele dia – diz a jovem.

– Essas situações só serviram para aumentar o amor que eu sinto por você durante todo esse tempo.

– Nossa, você já está apaixonado por mim?

– Sempre estive, Natália. Você sempre foi e sempre será o grande amor da minha vida.

Um caloroso beijo sela a conversa momentaneamente.

Afagos e a aproximação dos corpos intensificam a paixão nascida no coração de Natália e Josimar.

Josimar é filho de Sebastião, o melhor pedreiro da região. Sua mãe, Isaura, é costureira. A família é muito humilde e só teve como filho Josimar, que recebe toda a atenção e carinho dos pais.

Embora muito pobres, eles são muito felizes.

A cidade é muito pequena. Fica localizada no interior do estado e tem poucas oportunidades de trabalho. Todos os que nascem ali migram para a capital em busca de seus sonhos.

São Paulo não para de crescer. O sonho de todos é mudar para a capital e ganhar dinheiro para ajudar a família, que sempre fica. A pequena e pacata cidade interiorana é composta, em sua maioria, de pessoas idosas, que recebem sempre a visita de filhos, netos e demais parentes nas datas festivas, tais como Natal, Réveillon e Carnaval.

Sebastião é um dos poucos pedreiros que não migraram para a capital.

Josimar e Natália passam aquela manhã namorando à beira do lago. Ficam horas conversando sobre suas famílias e seus planos pessoais para o futuro. Afinal, Josimar também sonha em ser advogado.

Carlinhos e Solange reencontram o casal, que está sentado.

– Oi, Natália!

– Oi, Solange!

Josimar se levanta e se aproxima do amigo.

– E aí? Onde vocês estavam?

– Estávamos lá no parque.

– E vocês? Ficaram aqui esse tempo todo?

– Sim.

– Eu acho que já está na hora de irmos embora – diz Solange.

– Que horas são, Carlinhos?

– São 11h30.

– Caramba! – diz Natália, levantando-se rapidamente.

– O que houve, Natália?

– Tenho que ir embora. Eu prometi à minha mãe que chegaria cedo em casa hoje.

– Então, vamos, turma – sugere Josimar.

– Vamos rápido – diz Solange.

– Caramba, a hora passou que eu nem percebi – diz Natália.

– Eu vou levar você até a sua casa – diz Josimar, aproximando-se.

– Não, Josimar. Por favor, não faça isso!

– Mas por que eu não posso levar você até lá?

– Ainda é muito cedo para meus pais saberem que estamos juntos.

– Mas eu não quero esconder isso de ninguém!

– Não se trata de esconder. Nós só ficamos juntos hoje.

Ainda é muito cedo para assumirmos compromisso – diz Natália.

Carlinhos e Solange assistem a tudo assustados. Afinal, não é comum esconder namoros na cidade.

– Você quer esconder de todos que estamos juntos, Natália?

– Não se trata disso, Josimar. Não é nada disso.

– Então, por que eu não posso levar você até a sua casa?

– Porque eu não acho prudente. Meus pais podem não gostar – responde firmemente a menina.

– Está bem, se assim deseja – diz Josimar, abaixando a cabeça e olhando para o chão.

Solange fica com o coração partido e se aproxima da amiga.

– Deixe de ser boba, Natália. Ele só quer acompanhá-la, só isso!

– Não, já está decidido. Você vem comigo, Solange?

– Sim – diz a amiga, olhando para Carlinhos com uma cara de quem não pode mudar a situação.

– Até amanhã, Josimar – diz Natália, friamente.

– Até – diz o rapaz, sentando-se no chão.

– Tchau, Carlinhos – diz Natália.

– Tchau!

Solange se aproxima de Carlinhos e lhe beija a boca.

– Tchau, amor.

– Mais tarde eu passo na sua rua.

– Passe por lá à noite. Eu vou estar no portão – diz Solange.

– Combinado – diz o rapaz.

Josimar fica esperando Natália marcar alguma coisa, mas ela apenas toma pela mão sua amiga Solange e começa a caminhar em direção à rua principal.

– Até amanhã, meninos – diz Natália, mais uma vez friamente.

– Tchau – responde Josimar, triste.

Após elas se afastarem, Josimar se levanta e começa a chutar a grama com muita raiva no coração.

– Calma, meu... – diz o amigo.

– Calma?! Como ter calma com alguém que eu paquero desde que me entendo por gente? Como ter calma com alguém que fica horas me beijando e me acariciando, mas, na hora da despedida, me trata como um nada?

– Eu não sei o que deu nela, mas as meninas são assim. Tenha calma, meu. Afinal, a Natália é a menina mais linda desta cidade. Você sabe quantos rapazes gostariam de estar no seu lugar hoje?

– Meu irmão, isso não justifica ela não querer a minha companhia até a sua casa. Eu já sei o que é!

– O que é?

– Ela não quer compromisso.

– Claro que não é isso, cara. Tenha calma. Meninas são assim.

– Você tem razão. Demorei 16 anos para conquistar essa garota e não vai ser o primeiro "não" que vai me fazer desistir.

– É assim que se fala, Josimar!

– Amanhã tem aula. Vamos ver como ela vai reagir ao me ver pela manhã.

– É isso aí, amigo! Amanhã é outro dia.

– E você com a Solange, hein!

– É, cara. Eu acho a Solange muito legal.

– Vocês fazem um belo casal, sabia?

– Se tiver que ser, vai ser, amigo.

– Eu torço muito por sua felicidade, Carlinhos.

– Eu também, Josimar.

– Boa sorte, amigo!

– Para você também. Boa sorte com a gata da escola.

– Tomara que eu consiga conquistá-la definitivamente.

– Você vai conseguir, amigo.

– Deus o ouça.

– Vamos?

– Sim, vamos.

Eleonora acompanha o casal em todos os momentos. Ela, Nina e Felipe são como guardiões desse lindo casal.

Os mentores de Amor e Caridade não se afastam de Natália.

Para Sempre com Você

Alguns anos depois…

Domingo, 7h.

Josimar vai até a casa de Natália. Ele está nervoso e ansioso para contar a todos a novidade.

– Bom dia, dona Sônia! A Natália continua dormindo?

– Sim, Josimar. Você não acha que está muito cedo para um dia de domingo?

– Perdoe-me, dona Sônia. É que eu preciso falar com a Natália com urgência.

– O que houve? Algum problema, Josimar?

– Se a senhora me permite, eu preciso falar com a Natália antes de falar com a senhora e com o senhor Alberto.

– Gente, que mistério é esse, menino? O que houve?

– Não há mistério nenhum, dona Sônia. É que eu decidi e preciso falar com a Natália com urgência.

– Espere. Entre aqui na sala e se sente. Eu vou chamá-la.

Josimar caminha até a pequena sala, onde só há um pequeno sofá e duas cadeiras.

– Obrigado, dona Sônia – diz Josimar, sentando-se no sofá.

A residência de Natália é pequena. Tem apenas cinco cômodos e as paredes ainda precisam de reboco. Mas Sônia é uma mulher muito limpa. A pequena casa dá a impressão de ser uma linda mansão, tamanhos são os cuidados com o posicionamento dos móveis e a limpeza em geral. No quintal há plantas muito bem cuidadas pela matriarca da família. Alberto é mecânico e tem, na mesma rua, uma pequena oficina de reparos. Sônia cuida do lar e da única filha do casal, Natália.

Sem fazer muito barulho, Sônia vai até o quarto de Natália para informá-la da presença de seu namorado, Josimar.

Alberto está deitado, descansando após uma semana de muito trabalho, e não percebeu a chegada do rapaz.

– Natália, acorde. Acorde, filha! – diz Sônia, aproximando sua boca do ouvido da filha e falando baixo para não acordar o marido.

– Mãe, me deixe dormir! Hoje é sábado.

– Acorde, filha. O Josimar está lá na sala e quer falar com você.

– Mãe, que horas são? Será que o Josimar já viu a hora?

– Eu também reclamei com ele. É muito cedo para estar na casa da namorada. Mas ele disse que precisa falar com você com urgência. Que tanto assunto esse menino tem com você? Ele saiu daqui ontem já passava da meia-noite. E agora, tão cedo, já está aqui novamente para conversar com você. Que tanta conversa é essa, Natália?

– Se eu soubesse do que se trata, certamente não estaria tão chateada. Eu vou falar com ele. Peça a ele para esperar, por favor, mãe.

Natália se levanta e vai até o banheiro. Após se cuidar e escovar os dentes, ela troca o pijama e segue para a sala ainda com o rosto amassado pelas poucas horas de sono.

– Bom dia, amor!

– Bom dia, Natália! Perdoe-me a hora, mas eu preciso muito falar com você.

Ele fica de pé e espera a linda jovem se aproximar.

– Mas precisava ser tão cedo assim, amor?

– Eu preciso falar com você urgentemente.

– Mãe, dê licença, por favor – diz Natália, fechando a cara para Sônia.

Após Sônia sair do ambiente, Natália se senta e puxa o braço de Josimar para se sentar ao seu lado.

– Diga o que houve, Josimar. Você mal saiu daqui de casa e já voltou. Você sabe como é o meu pai. Se ele souber que você está aqui a esta hora, eu vou tomar uma bronca.

– Não vai, não. Eu tenho um pedido para fazer aos seus pais.

– O que é agora, Josimar?

– Eu quero pedi-la em casamento. Você é o meu maior amor do mundo. Eu amo você profundamente!

Natália arregala os olhos. Seu coração se enche de felicidade. Olhando fixamente para o seu grande amor, ela sorri e o abraça.

– Meu amor! O que eu mais queria ouvir na vida era isso. Eu também o amo muito e você é a razão da minha vida.

– Eu já falei com meus pais e eles me apoiaram – diz Josimar.

– Que lindo, amor!

– Você quer casar comigo?

– Sim, sim, sim! É o que mais quero! – diz Natália, abraçando Josimar e beijando-lhe a boca.

– Só tem um detalhe – diz Josimar.

– Qual, amor?

– Eu preciso terminar a faculdade. Só falta um ano. Assim, eu poderei assumir você e todas as responsabilidades da nossa família.

– Eu também preciso me formar, Josimar. Meus pais até ficarão felizes com o seu pedido, mas certamente exigirão a faculdade. Vamos combinar assim: terminamos a faculdade e nos casamos.

– Combinado.

– Mas vamos marcar o nosso noivado?

– Sim, me deixe falar com os seus pais, e daí marcamos a data do nosso noivado. Com o noivado marcado, podemos começar os preparativos do nosso casamento. O que acha?

– Vou chamar a minha mãe, peraí!

Feliz e radiante, Natália corre até o quintal, onde Sônia rega as plantas.

– Mãe, mãe!

– Sim, filha.

– Mãe, o Josimar quer falar com você e com o papai.

– O seu pai continua deitado. O que esse garoto quer a essa hora da manhã, meu Deus?

– Então, venha, mãe! Ele fala agora com você e depois com o papai.

– Está bem, Natália – diz Sônia, fechando o bico da mangueira donde jorrava água para regar as plantas.

– Olhe, amor, a minha mãe disse para você falar com ela primeiro e depois com o meu pai, porque ele continua deitado.

Josimar fica de pé e pega na mão de Natália, que se aconchega muito próxima ao namorado.

Sônia adentra a pequena sala.

– Dona Sônia, com todo o respeito, eu gostaria de pedir a mão de Natália em casamento.

– Nossa, que alegria, Josimar! Que boa notícia! Você tem certeza disso? Casamento é algo muito sério...

– Temos certeza, mãe. Eu amo o Josimar e é com ele que eu quero viver o resto da minha vida.

Sônia corre a abraçar o casal. Natália não contém a emoção e começa a chorar.

Josimar e Sônia agora amparam a jovem menina.

– Não chore, filha. Vamos fazer assim... Josimar, eu vou preparar alguns canapés e comprar um bolo. Convide os seus pais e, hoje à noite, você pode oficializar o seu pedido para mim e para o Alberto. Pode ser? Eu tenho certeza de que ele não vai reprovar o casamento de vocês.

– Sim, claro, dona Sônia. Perdoe-me fazer desta forma. É que eu estava muito ansioso para saber a resposta da Natália. Mal dormi essa noite. Eu já falei com os meus pais e eles me apoiam nesta decisão. Mas só nos casaremos após a formatura. Assim, eu terei condições de sustentar a minha família.

– Isso mesmo, Josimar. Primeiro vocês se formam, e depois casam e me dão muitos netos – diz Sônia, fazendo todos rirem. – Agora vá para a sua casa. E descanse. Se o Alberto acorda e vê você aqui tão cedo, ele pode ficar chateado. Depois que vocês ficarem noivos, a coisa muda.

– Obrigado, dona Sônia – diz Josimar, abraçando Natália ainda mais forte.

– Vá, amor. À noite, nós nos vemos.

– Sim, vou para casa combinar com os meus pais o encontro desta noite. Vou pedir para a minha mãe fazer o bolo, dona Sônia. Assim, a minha família também pode contribuir com este dia tão especial para mim e para a Natália.

– Está bem, traga o bolo. Do resto eu cuido.

– Até mais tarde, então.

– Bom dia, amor.

– Bom dia.

Natália leva seu noivo até o portão e se despede dele com um abraço e um longo beijo.

Algum tempo depois...

A igreja está lotada. Todos os amigos de infância brindam ao casal mais lindo e querido da cidade. A noite é de gala.

Alberto não consegue esconder a felicidade. Sônia elegantemente recebe todos os convidados com carinho e amor.

Natália é, sem sombras de dúvidas, a noiva mais bonita do dia. Após dois casamentos anteriores ao seu, Natália recebe Josimar como esposo na pequena Igreja de São José, lotada de amigos e familiares.

Isaura e Sebastião estão felizes. Afinal, o único filho do casal, após formar-se e já estar empregado, assume Natália como esposa.

Natália ainda estagia no escritório de advocacia de um amigo de Josimar.

A noite é linda e emocionante para todos os que acompanharam a luta do casal para chegar ao dia tão sonhado.

Débora e Solange, casada com Carlinhos, são as madrinhas. Todos estão muito felizes.

As damas de honra adentram a capela trazendo nas mãos dois pequenos cestos, onde estão depositadas as alianças que perpetuam o amor do casal. A cerimônia já vai começar.

Josimar está em pé ao lado dos padrinhos e do padre e aguarda ansioso a entrada de Natália. A música começa e Natália surge linda, usando um longo vestido branco. Ela tem nos cabelos pequenas flores feitas de pano branco, elaboradas por Isaura para enfeitar suas longas mechas negras. Natália sorri alegremente e fica emocionada ao ver a igreja lotada de amigos, professores, colegas e familiares. Todos estão impressionados com a beleza da menina, que se aproxima para receber como seu esposo o grande amor de sua vida.

Josimar não consegue conter as lágrimas que banham sua face. Todos na igreja se emocionam com o rapaz. Muitos choram de alegria ao ver tamanha felicidade e cumplicidade no jovem casal.

Alberto, orgulhoso, caminha lentamente de braços dados com Natália, levando-a em direção ao altar. Sônia não consegue conter a emoção e, com um pequeno lenço de cor azul, seca as múltiplas lágrimas de felicidade.

A igreja está toda enfeitada com rosas brancas. Um lindo tapete vermelho leva a noiva até o altar.

Todos estão visivelmente emocionados.

Josimar recebe Natália das mãos de Alberto, que, emocionado, lhe deseja toda a felicidade do mundo.

– Josimar, eu lhe entrego o meu tesouro. Espero que você saiba cuidar da razão do meu viver. E, sempre que precisar de mim, estarei de pé e às ordens para ajudá-lo.

– Obrigado, Alberto. Confie que eu recebo seu maior tesouro e cuidarei dele como sendo a joia mais preciosa que um homem na Terra pode ter.

Natália, emocionada, contém as lágrimas que lhe forçam o olhar. Alberto beija a face da filha e se coloca ao lado de Sônia no altar. Então, o padre começa o casamento.

Ao final da cerimônia, todos se dirigem ao salão de festas da própria igreja e se confraternizam em luz e paz. Natália e Josimar resplandecem de alegria pelo sonho realizado.

Alberto e Sônia estão muito felizes. Sebastião e Isaura não conseguem esconder a alegria que sentem com o casamento do único e amado filho.

Após a lua de mel e as férias que tiraram, Natália e Josimar decidem abrir um pequeno escritório de advocacia e começar a trabalhar juntos, pois assim seus sonhos poderão ser realizados.

Eles alugam um pequeno apartamento próximo ao centro da cidade interiorana e levam uma vida simples e feliz.

Aos poucos, começam a ficar famosos. Sua carteira de clientes aumenta a cada dia.

Tudo corre dentro da normalidade.

A vida de sofrimento no bairro pobre começa a desabrochar para uma vida mais confortável e feliz.

Após dois anos, eles compram o primeiro apartamento, com três suítes, no melhor bairro de sua cidade. O apartamento é financiado, mas a vida melhora bastante.

Natália já tem seu carro próprio e Josimar agora estuda para prestar concurso para juiz.

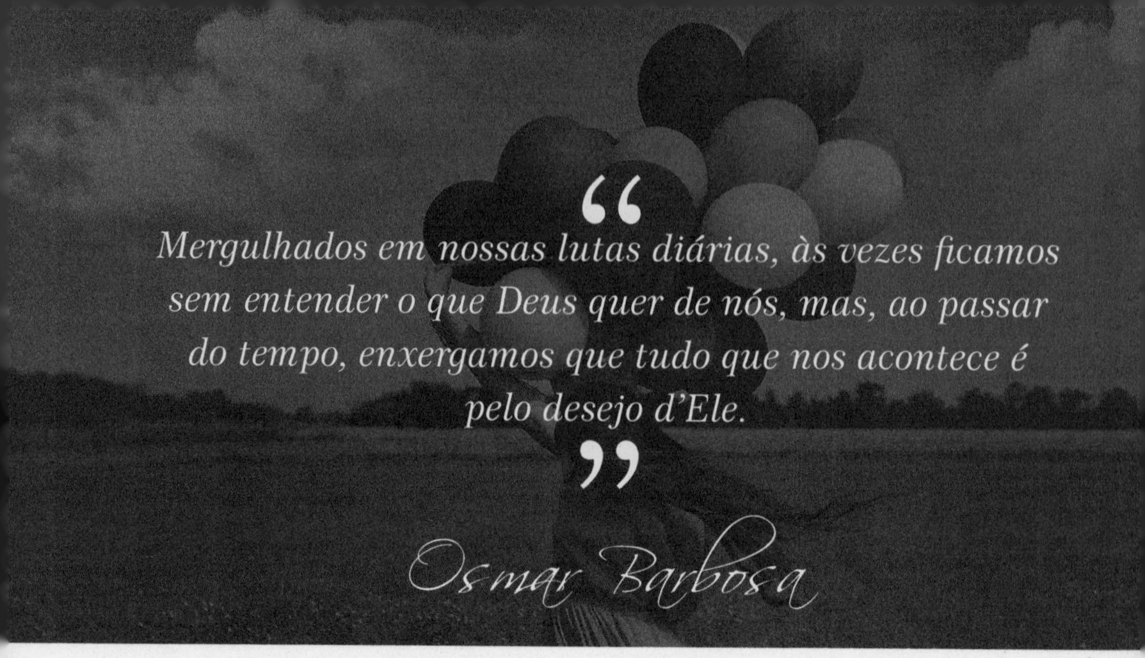

A Vida por um Fio

Segunda-feira, 7h30.

Natália acorda cedo e arruma a mesa de café do casal.

Após tomar banho e vestir o terno, Josimar vai até a cozinha para tomar café da manhã com a sua amada.

– Bom dia, amor!

– Bom dia! – diz Josimar, beijando Natália.

– Você vai precisar do carro hoje, amor?

– Sim, eu tenho aquela audiência no interior. E preciso me apressar, porque a estrada está muito ruim.

– Então, você não vai ao escritório?

– Não. Não dá tempo. Eu vou deixar você lá e seguir direto para o fórum. A audiência está marcada para as 14h, e aquela juíza de lá... você sabe, né?

– Nossa, ela é terrível com horários.

– Pois bem. Então, vamos. Eu deixo você no escritório e sigo viagem.

– Deixe-me só retocar a maquiagem e escovar os dentes.

– Você está cada dia mais linda, Natália.

– São os seus olhos, meu amor.

Após se arrumarem, Natália e Josimar seguem juntos para o trabalho.

No carro, a conversa continua.

– Amor, você já pensou sobre o que lhe falei ontem?

– Josimar, eu acho até que você tem razão mesmo. Se quisermos mais do que temos, mais do que um simples apartamento e um carro novo, nós temos que nos mudar para São Paulo. O meu único receio são os nossos pais. A saudade é o meu problema.

– Mas São Paulo fica só a seis horas de viagem. Podemos manter esse apartamento aqui e, sempre que possível, vir para cá para ficar com os nossos pais.

– Pare de sonhar, Josimar. Nosso apartamento é financiado. Logo teremos que alugá-lo para ajudar a pagar a prestação.

– Eu tinha me esquecido desse detalhe.

– E, ainda por cima, nossa reserva é pequena e precisaremos alugar um apartamento lá na capital.

– Sim, mas eu posso aceitar aquela proposta que me fizeram e chegar a São Paulo já empregado. Daí as coisas ficam mais fáceis.

– Você vai estar empregado, mas eu vou ter que começar do nada – diz Natália.

– Amor, com o salário que me ofereceram, você nem precisa trabalhar.

– Não sei se consigo.

– Podemos pôr em prática o nosso sonho.

– Eu vou realizar o seu sonho, garoto. Eu vou lhe dar um filho. Mas preciso pensar um pouco. Quando você voltar, conversaremos mais.

O carro se aproxima do endereço do escritório do casal e Natália desce do carro, beijando suavemente os lábios de Josimar.

– Olhe, amor, cuidado com a estrada, por favor. Vá devagar e preste muita atenção.

– Pode deixar, querida – diz Josimar, retribuindo o carinho.

Natália desce do carro e, estranhamente, para e fica olhando Josimar se distanciar. Sente no peito um aperto, como se algo fosse embora de sua vida. Ela fica perdida em seus pensamentos por alguns segundos e pede a Ele:

– Deus, acompanha o meu amor…

Natália segue para sua sala e começa a despachar com os estagiários do escritório.

Após duas horas de viagem…

Josimar segue em velocidade moderada, quando começa a chover forte na estrada. Preocupado com sua segurança, o jovem advogado reduz a velocidade e dirige o carro com mais prudência.

O trânsito está pesado. Há vários caminhões carregados fazendo o trajeto com ele em direção à capital.

Em uma curva à frente, uma barreira desliza, impedindo parte da pista. Os veículos começam a desviar rapidamente. Uma tragédia está anunciada. Josimar não se dá conta da dificuldade da estrada e perde o controle do veículo, caindo em uma ribanceira. O veículo capota diversas vezes em direção a um leito de rio, que começa a encher. Desesperados, outros motoristas correm para socorrer o rapaz, que agoniza preso às ferragens retorcidas do automóvel.

Josimar está muito ferido. Ele respira com dificuldade.

Nina, Felipe e Eleonora acompanham tudo, emanando energias de refazimento.

Uma ambulância chega e socorre o rapaz. Ele é levado para um hospital, mas logo é transferido de helicóptero para outro hospital no centro da cidade. Josimar tem lesões sérias na coluna e precisa de uma cirurgia urgentemente.

Natália recebe um telefonema e, auxiliada por Sebastião e Alberto, segue apressadamente para o hospital. Todos estão muito aflitos. Sônia consola Isaura, que é hipertensa e precisa de cuidados. Elas ficam em casa em oração.

Quando nos criou, Deus teve algumas preocupações, assim como nós temos para com os nossos filhos.

Vamos nos imaginar por alguns minutos como Deus.

Temos nossos próprios filhos... O que desejamos para eles? O que queremos para nossos filhos? Se nossos filhos vão morrer algum dia, o que desejamos para eles? Para qual lugar você quer que seu filho vá? Como é esse lugar? Se seu filho tem uma eternidade pela frente, se seu filho não vai morrer, o que você deseja para ele?

Imagine se você fosse Deus... O que você criaria para que seu filho se tornasse o filho mais perfeito do Universo? Quais os ensinamentos que você gostaria que seu filho tivesse? Que tipo de ensinamento é mais nobre para o espírito eterno? Será que é uma bela casa, uma bela mansão, muito dinheiro no banco, uma casa de praia, uma lancha, um iate, uma viagem, um carro do ano? O que seria melhor para seu filho?

Deus é um ser supremo, sabemos disso. Ele é o Criador do céu e da Terra. Tudo que existe foi criado por Deus.

Quando deixamos a Terra, quando deixamos a vida corpórea, somos recebidos em outras dimensões da mesma forma que somos recebidos quando chegamos aqui. Quando nós chegamos aqui, encontramos em um espírito, que está ligado a nós sem entendermos, um amor incondicional, um amor capaz de tudo para nos manter feliz – chamamos esse amor de mãe. Encontramos outro amor capaz de esfolar a própria carne para nos alimentar – esse nós chamamos de pai. Encontramos outros espíritos que seguem nos ensinando através dos desafios diários de aceitação – esses são os nossos familiares, irmãos e amigos. A vida é um desafio constante. E somos constantemente convidados a aprender a amar. Só o amor edifica o espírito. Só o amor é capaz de desmotivar qualquer atitude de ódio. Só o amor é capaz de terminar uma guerra. Só o amor edifica o homem. Só o amor constrói uma fortaleza no espírito.

O amor é o único sentimento transformador. Ele pode muita coisa. E é o único sentimento que levamos para a vida eterna. Deus quis que, quando saíssemos daqui, não fôssemos surpreendidos com coisas que não estamos acostumados a viver.

Isso se chama amor.

E, sendo Ele amor, permitiu que fossem criadas colônias espirituais, ou cidades espirituais – chame-as como quiser. Elas são reais. Elas existem, sim...

É lá que vivem aqueles que se foram na nossa frente. É lá que estão nossos familiares e amigos. É lá que tudo se organiza para a nossa vida atual. Esses amigos intercedem muito mais em nossas vidas do que podemos imaginar. Eles fazem parte de nosso dia a dia, aconselhando-nos através de nossa intuição, alertando-nos dos perigos, desviando--nos da maldade e protegendo-nos daqueles que querem se vingar de alguma coisa que possamos ter feito com eles em vida. Se ninguém morre, se todos continuam, então aquilo que você pratica continua como reflexo nos dias atuais.

Lá no plano superior existem cidades iguaizinhas às que temos aqui, com árvores, ruas, veículos, flores, jardins, lagos, escolas, casas, enfim, tudo aquilo que você experimentou e usou, sendo proveitoso ou não.

Ele é amor. Lembre-se disso. Sem surpresas.

Existe um lugar especial para nós, e esse lugar se chama Colônia Espiritual Amor e Caridade. É dessa colônia que você está recebendo agora esta mensagem. Os personagens foram trocados, mas a história é real.

As colônias são cidades ou núcleos onde espíritos que se afinaram durante as existências se unem com propósitos variados. Existem várias colônias, com vários propósitos. Existem colônias de apoio, de aconselhamento, de amor, de união, de cura, de tratamentos variados, para adultos, para crianças, para animais, para jovens, enfim, para todos os filhos de Deus.

Que surpresa boa você terá quando sair de seu corpo! Isso eu posso lhe garantir!

Em Amor e Caridade são recebidas as crianças que desencarnam vítimas de câncer. Elas são acolhidas por um grupo de espíritos, em sua maioria voluntários, que as auxiliam a compreender a separação temporária de seus pais e o porquê da doença. Milhares vivem em Amor e Caridade.

Também são recebidos muitos pacientes de câncer na idade adulta e até familiares daqueles que estão trabalhando lá.

Existem ainda espíritos que auxiliam na segurança do lugar, pois o mal, sempre que pode, tenta atrapalhar o trabalho do bem... isso desde que o mundo é mundo. Se tem aqui, tem lá. Aliás, tudo o que tem aqui tem lá. Tudo mesmo. Só que de uma forma diferente. Lá somos energias. Lá somos fluidos de Deus, e tudo lá é fluídico.

A Colônia Espiritual Amor e Caridade é composta de vários galpões, que servem de enfermarias, salas de atendimento e salas de reunião, com um principal, onde fica a administração.

Ela é presidida por Daniel e tem como mentora uma doce menina chamada Catarina de Alexandria, que vocês conhecem perfeitamente. Afinal, ela foi santificada pela Igreja Católica por todo o conjunto de bondades que fez em sua última encarnação.

Existem ainda lá espíritos missionários que trabalham nas casas espíritas espalhadas sobre o Brasil. Esses espíritos têm por missão aumentar os postos de atendimento e divulgar essa que é uma das colônias mais novas no mundo espiritual.

Eu sou de lá. Cheguei lá muito atordoada e confusa. Mas hoje estou restabelecida e feliz com a oportunidade que me foi ofertada para a minha evolução. A evolução é uma coisa que nós não podemos fazer pelos outros. A evolução é pessoal e intransferível.

Muitos de vocês que estão lendo este livro são assistidos por nós aqui da colônia. Além de tudo o que fazemos, ainda recebemos a incumbência de relatar as histórias de nossas colônias através de alguns médiuns que estão escrevendo como é a vida após a morte.

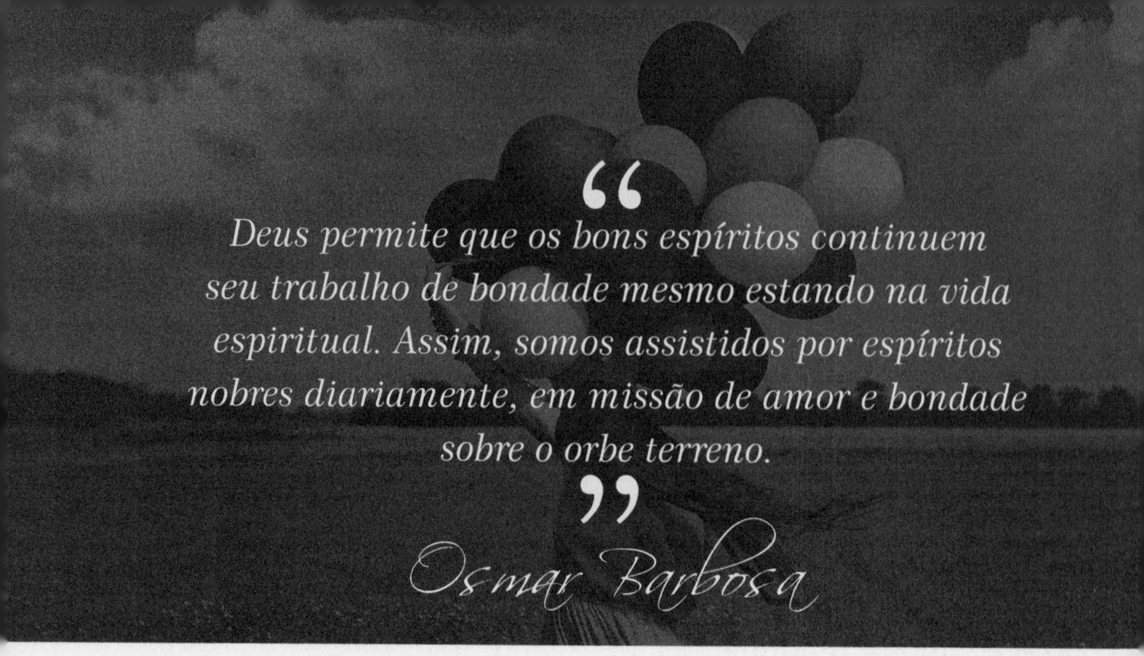

No Centro Espírita

Josimar teve lesões sérias na coluna. Após duas cirurgias e a colocação de próteses, ele tem muita dificuldade em caminhar. Seu tratamento agora é de fisioterapia e ele se recupera lentamente em casa.

Seus sonhos foram por água abaixo. Muito triste e deprimido, ele fica sozinho em casa enquanto Natália toca o escritório do casal. São muitas as audiências. O trabalho é grande e exaustivo.

A tristeza é o que abala fortemente o jovem rapaz.

Em sua sala, Natália é interrompida por sua secretária.

– Com licença, Natália.

– Entre, Rose.

– Só vim lembrá-la de que você tem aquele almoço hoje com a sua amiga Débora.

– Puxa vida, que bom que você me lembrou, pois havia me esquecido.

– O almoço é às 13h. Não se atrase.

– Obrigada, Rose, mais uma vez.

A hora passa rapidamente e Natália sai do escritório para ir ao encontro da amiga de infância.

O restaurante fica próximo ao seu escritório, e logo ela chega. Débora está sentada em uma pequena mesa de dois lugares muito bem-arrumada. O lugar é aconchegante e sereno. Ao ver Natália se aproximar, Débora fica de pé e abraça a amiga.

– Oi, amiga!

– Oi, Débora! Perdoe-me a demora.

– Que isso! Eu também acabei de chegar. Sente-se.

– Estou muito cansada. A vida me pregou uma peça.

– Como assim?

– Os nossos sonhos foram por água abaixo. O acidente do Josimar acabou com todos os nossos planos. Ele vive em uma cadeira de rodas e quase não consegue andar.

– Não fique assim, não. Para tudo há uma solução.

– Não estou vendo solução. Tínhamos planos de ir para a capital, abrir nosso escritório lá e conquistar mais coisas. Você sabe, né? Aqui eu não vou conseguir mais do que já conseguimos. Cidade pequena, conquistas pequenas.

– Não acho isso, não, Natália. Eu acho que precisamos de pouca coisa para ser feliz. Eu mesma estou muito feliz com a minha vida.

– Eu não. Eu queria mais. Muito mais.

– Natália, você já tem seu apartamento e seu carro, já conseguiu fazer a obra da casa de seus pais, que, aliás, ficou linda... O que mais você quer da vida, mulher?

– Dinheiro, querida. Money.

– Deixe eu lhe dizer uma coisa...

Elas são interrompidas pelo garçom.

– Bom dia, senhoras. Aqui está o cardápio. O que desejam para beber?

– Eu quero uma água sem gás, por favor – diz Débora.

– Eu quero um suco de laranja – diz Natália.

– Vou providenciar enquanto as senhoras escolhem o prato.

– Combinado – diz Débora.

O garçom se afasta para buscar as bebidas e Natália volta ao assunto.

– Então, Débora, o que você ia me dizer?

– Ah, sim... Minha amiga, eu descobri que o dinheiro não traz alegria para ninguém. O dinheiro é necessário para a nossa felicidade, sim, mas é uma felicidade temporária. O que precisamos, na verdade, é descobrir a alegria de viver, e alegria o dinheiro não compra.

– Como assim? Qual é a diferença entre felicidade e alegria?

– Felicidade está à venda. Você pode ser feliz com todas as coisas que o dinheiro pode comprar. Mas ser alegre é um estado de espírito, e isso o dinheiro não compra. Ser alegre é estar vivendo uma vida abençoada, aquela em que você se deita no travesseiro e dorme o sono dos justos. Normalmente, as pessoas com muito dinheiro não são alegres. Elas estão sempre de mau humor, sempre preocupadas em ajuntar mais e mais dinheiro. Elas se esquecem de que somos espíritos em busca da perfeição e tudo o que é do mundo no mundo ficará. Só levaremos para a vida eterna a alegria de termos vivido uma vida justa e honrada.

– Nossa, como você está espiritualizada! Conte para mim essa parte, que eu não estou sabendo...

– Eu descobri o Espiritismo, querida.

– Como assim?

– O Espiritismo é transformador. Os estudos sistematizados dos ensinamentos de Jesus fazem-nos compreender muita coisa que está à nossa volta e que, com os olhos da materialidade, jamais enxergaríamos.

– Virou macumbeira?

– Deixe de ser boba, Natália. Jamais o Espiritismo pode ser chamado de macumba. Macumba é um instrumento musical tocado nas sessões de desdobramento que alguns espirituais fazem. Mas não tem nada a ver comigo.

– Então, o que é?

– Eu estudo com um grupo de amigos os ensinamentos de Kardec e de Chico Xavier, entre outros doutrinadores.

– Então, é uma doutrina?

– Podemos chamar de doutrina, mas também não é bem isso.

– Você está me deixando confusa.

– Esse meu grupo de amigos abriu recentemente um centro espírita perto da minha casa. E eu fui convidada pela Solange para conhecer.

– A Solange também virou macumbeira?

– Pare com isso, Natália.

– Estou brincando.

– É sério.

– Desculpe-me. Eu estava brincando. Vamos pedir a comida? Estou morrendo de fome.

– Sim, vamos pedir.

Com um sinal, Natália chama o garçom e ambas pedem o prato do dia para o almoço.

– Desculpe-me, Débora, mas estou com muita fome mesmo. Mas continue. Estou ficando interessada nesse assunto.

Sem que ela possa perceber, a mentora espiritual Nina Brestonini está ao seu lado no restaurante, auxiliando telepaticamente Débora na argumentação para convencer Natália a visitar a casa espírita.

– Bom, nós nos reunimos às terças-feiras para estudar o Evangelho de Jesus sob o olhar do Espiritismo. Às quintas-feiras, são realizadas as sessões de passe e, aos sábados, as sessões de cura.

– Tem cura lá?

– Sim. E muitos pacientes conseguem uma melhora considerável.

– Eu poderia levar o Josimar para ser assistido por vocês?

– Sim, claro. A hora que você quiser.

Nina se aproxima e começa a dar um passe em Natália, que não consegue perceber a presença de tão nobre espírito. Felipe é o espírito que sempre está ao lado de Nina, e eles aproveitam o momento para irradiar luz sobre as duas amigas. Débora percebe a presença de amigos espirituais, mas não comenta para não assustar a amiga.

– O que houve?

– Como assim, o que houve?

– Por que você ficou em silêncio, tão quieta assim?

– Nada, Natália. Não é nada.

– Você ficou chateada que eu a chamei de macumbeira?

– Claro que não, sua boba. Eu conheço você e gosto muito do seu humor.

– Então, quando é que eu posso levar o Josimar lá?

– Leve ele no sábado, que é a sessão de cura.

– Pode ser no próximo sábado?

– Sim, claro. Eu vou avisar a nossa dirigente.

– Qual é o nome dela?

– Nome de quem?

– Da dirigente.

– Ah, sim. É Iara.

– De onde você a conhece?

– Eu a conheci lá no centro espírita. Ela e o seu Antônio, o marido dela, são pessoas incríveis.

– Vou falar com o Josimar. Se ele aceitar, eu o levo no próximo sábado.

– Eu percebi que você não sabe, mas a sua mãe, o seu pai e os seus sogros estão frequentando lá.

– Olhe, que safadinhos! E nem me falaram nada!

– Eu fui escolhida para falar em nome de todos. Todos querem ajudar o Josimar a se curar, mas estavam muito receosos de falar com você. Eles tinham muito medo da sua reação.

– Nossa, que bobagem.

– Você é muito gananciosa, amiga, e isso assusta as pessoas.

– Como assim, gananciosa?

– Você e o Josimar são muito materialistas. As pessoas ficam receosas de falar determinadas coisas para vocês.

– É essa a impressão que passamos?

– Sim, é isso que todos pensam de vocês.

– Precisamos mesmo rever nossos conceitos. Eu não sabia que tinha essa imagem com os familiares e amigos. Mas eu vou lhe confessar uma coisa, amiga. O que as pessoas pensam de mim e do Josimar, sinceramente, é problema delas. Eu sempre sonhei em ter uma boa casa, um bom carro e uma boa vida. Eu simplesmente estou correndo atrás dos meus sonhos. É só isso. Se as pessoas acham isso errado, problema delas, Débora.

– Bom, Natália, eu espero sinceramente que você procure o nosso centro espírita para podermos ajudar o Josimar – diz Débora, dando por encerrado o assunto.

– Eu vou, sim. Vou ligar para a mamãe e combinar com ela no próximo sábado. Ela nem me contou...

– Não brigue com ela, viu?

– Por que eu brigaria com a minha mãe? A opção religiosa é dela e do meu pai. Eu não tenho nada com isso. Mas vou, sim, visitar o centro no próximo sábado. Pode me esperar, que estarei lá.

– Eu fico muito feliz com a sua decisão.

– Pode deixar. Eu vou levar o Josimar no próximo sábado. Tenho que levar alguma coisa? Tem que pagar?

– Não precisa levar nada e não precisa pagar. Lá tudo é de graça.

– E como vocês mantêm o centro espírita?

– Com a ajuda e a colaboração de alguns amigos.

– Essa é boa!

– Agora vamos falar de outras coisas que não religiões, por favor...

– Claro, amiga, claro.

Assim, após o almoço alegre e descontraído, Natália volta ao trabalho. Quando chega em casa, combina com Josimar de levá-lo ao centro espírita no próximo sábado.

Josimar fica muito impressionado em saber que quase toda a família é espírita e que ninguém nunca havia contado nada a ele.

Josimar vê uma esperança de se curar através do tratamento espiritual.

– É assim que fazemos, Eleonora – diz Nina.

– Eu entendi. Colocamos ideias fixas na mente daqueles que estão em sintonia conosco. Dessa forma, conseguimos atingir nossos objetivos – diz Felipe.

– Então, quer dizer que, para que eu consiga estabelecer esse contato mental, é preciso que o ser encarnado esteja em sintonia comigo? É isso?

– Sim, Eleonora. Débora, por ser uma trabalhadora do centro espírita e estar em contato conosco, facilita a nossa comunicação.

– Entendi. Eu me lembro de que visitamos algumas vezes o centro que ela frequenta. E me lembro também, Nina, de que você sempre se aproximava dela.

– É assim que tudo funciona. Precisamos estabelecer uma simbiose para podermos influenciar quem desejamos que seja nosso mensageiro.

– Agora entendi perfeitamente.

– Venha. Vamos ao centro espírita preparar tudo para receber o Josimar.

– Vamos – diz Eleonora, feliz.

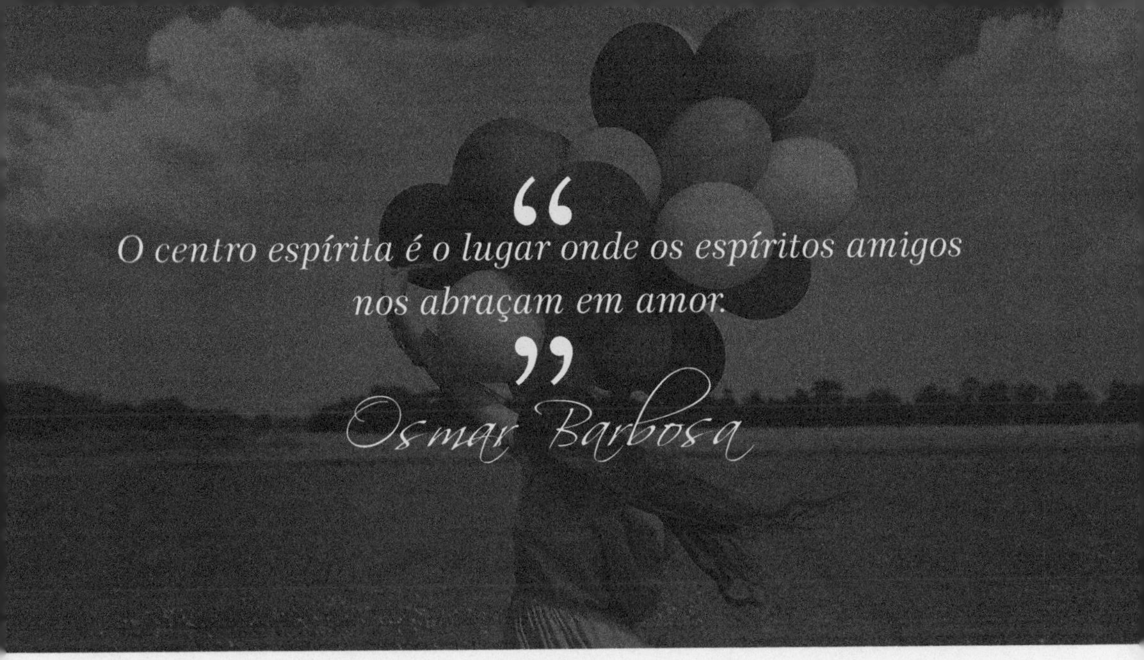

O Centro Espírita

É tarde de sábado, e Josimar e Natália finalmente chegam ao centro espírita.

Logo que estacionam, dois voluntários percebem a dificuldade de Josimar para se locomover até a parte interna do centro espírita e o auxiliam, colocando-o em uma confortável cadeira de rodas. Eles o levam para o primeiro lugar na fila do atendimento fraterno. E, após ser atendido, lhe oferecem um tratamento de cura através de cirurgias espirituais.

Josimar fica animado e aceita fazer o tratamento, que acontecerá por quatro semanas consecutivas.

Então, chegam até eles Iara e Antônio, com seus pais e sogros. Todos estão felizes com a presença do casal.

A sessão vai começar. Logo um palestrante é convidado a falar ao público.

São exatamente 18h. Uma suave música acalenta os corações aflitos que chegam ao centro espírita.

O rapaz se posiciona atrás do púlpito e os microfones são ligados.

– Boa noite a todos!

E todos respondem boa noite. Então, o ilustre palestrante começa a falar:

– Senhoras e senhores, sejam bem-vindos a esta que é, sem dúvidas, uma casa de Deus. Aqui são estudados os ensinamentos do Mestre. Divido de uma forma lúcida e inteligível. Nós, espíritas, estudamos as palavras dos nobres espíritos amigos, que tiveram a nobre missão de orientar a humanidade. As orientações que chegam a nós agora são revelações valiosas para todos os que buscam incansavelmente sua evolução moral e espiritual.

"O Espiritismo vive um momento único. Nós, espíritas, somos privilegiados por receber em primeira mão tudo aquilo que a humanidade passa e passará daqui por diante. Sabemos que a vida é feita de ciclos. Quando um termina, um novo ciclo se inicia. Uma criança chega como um girino e, em um ciclo de maturação no útero de sua mãe, cumpre o ciclo, que eclode no nascimento do feto. A Lua necessita de um ciclo para cumprir sua nobre missão, transformando as marés dos nossos oceanos e dando o equilíbrio necessário à vida humana. O Sol, nosso eterno companheiro, faz diariamente uma jornada, nascendo e se pondo, cumprindo assim o seu papel fluidificador da vida.

"Tudo tem um ciclo. As plantas. Os seres. A vida. Nós estamos cumprindo um ciclo que pretende transformar os nossos corações. A encarnação cumpre seu ciclo. Nascemos, crescemos e morremos para renascer e, assim, evoluir. Muitos estão deixando a tarefa para depois... Mas o depois pode não acontecer.

"Os ciclos se cumprem e reiniciam, sempre.

"Regenerar-se é necessário. Nosso planeta passa por um momento de transformações profundas. Estamos nos regenerando. Muitos de nós não poderemos mais reencarnar neste orbe. Para isso, Ele oferece novos planetas, novas oportunidades, novos ciclos. Jesus, quando esteve entre nós, deixou-nos mensagens edificantes e sinais de uma vida futura, ao nos alertar: 'Há muitas moradas na casa de meu pai'.

"Essas moradas são as cidades espirituais. As cidades extrafísicas. As outras dimensões. Outros planetas. Outras galáxias. Outros universos. Multiuniversos. E tantas outras coisas que ainda não sabemos...

"É chegada a hora da transformação que sai de fora para dentro. É necessário que escutemos o Evangelho e que deixemos que as palavras da salvação tomem todo o nosso ser. É necessário ouvir com o coração as palavras do Messias e de tantos homens de bem que estão na tarefa incansável de transformar a humanidade.

"Agora mesmo, agora, você que está ouvindo esta mensagem, faça uma viagem interior. Olhe para dentro de si e veja se há o sinal de Deus em você. Você tem Deus em seu coração? Onde estão os ensinamentos do Cristo em sua alma? O que você tem feito pelo próximo? O que você tem feito por seus familiares? O que você tem feito pelas crianças? O que você tem feito com a sua vida? Será que viver é isso que você está vivendo agora? Façamos uma pausa em nossa razão e busquemos as razões que Jesus teve para estar entre nós. Qual foi o objetivo de tão nobre espírito? Por que Ele deu a Sua existência por nós? Por que sofreu tanto sem reclamar? Por quê?"

O palestrante faz uma pausa forçada de alguns minutos. O silêncio toma conta do lugar. Todos estão refletindo, auxiliados por tão bela palestra.

Nina se aproxima de Natália e lhe aplica um passe.

Felipe, auxiliado por outro espírito de muita luz, começa a cuidar das feridas internas de Josimar, que começa a ficar emocionado. Seus olhos ficam marejados de amor. Josimar está feliz sentado ao lado de seus pais e de Natália, o grande amor de sua vida. Sua depressão começa a sarar. Seus pensamentos começam a se revigorar. Ele começa a planejar e implora aos bons espíritos que curem a sua coluna.

O ambiente se enche de espíritos de luz, que fazem o ambiente ficar ainda mais sereno e confortante. Tudo é amor agora.

O palestrante percebe a presença de tão nobres espíritos e faz uma prece em silêncio.

Ao fim da palestra, todos são conduzidos às macas onde são realizadas as cirurgias espirituais.

Após dois meses de tratamento, Josimar já consegue trabalhar normalmente. Renovado e feliz, ele se torna espírita e é um dos colaboradores mais assíduos dos trabalhos da casa. O milagre está consumado.

Natália quase não vai ao centro. Deixou de lado, alegando muito trabalho no escritório.

A família continua firme e forte no propósito da mudança interna, o que o Espiritismo realmente ensina.

"Renovar-se é necessário para que sejas recebido com luz."

Essa é a frase pintada na parede principal do centro espírita.

Passados alguns meses, Josimar é novamente convidado a trabalhar no centro de São Paulo. Feliz, ele procura Natália para conversar sobre o convite.

– Natália, eu preciso falar com você, meu amor.

– Pode ser mais tarde? É que estou com a disponibilidade reduzida agora.

– Mais tarde não dá. Tem que ser agora. Vamos até a minha sala, por favor?

– Já estou indo. Espere só um minutinho, que estou terminando um texto.

Após cinco minutos, ela adentra a sala de Josimar.

– Amor, sente-se aí – diz ele, indicando uma confortável cadeira para Natália se sentar.

– Pronto, doutor. Pode falar, meu amor.

– Deixe de brincadeira, mulher. Olhe, você se lembra do Eduardo?

– Que Eduardo?

– Aquele amigo meu lá de São Paulo que uma vez me convidou para trabalhar com ele, lembra?

– Sim, eu me lembro.

– Pois bem, ele renovou o convite e o estendeu a você também.

– E qual é a proposta?

– É de 50% em tudo.

– Ele é daquele famoso escritório?

– Sim. Ele disse que acabaram de fechar um grande contrato com uma empresa de cervejas multinacional e que precisa de nós ao lado dele. A proposta é irrecusável, meu amor.

– Sim, é irrecusável. Não podemos deixar de aceitar.

– Só tem um detalhe.

– Qual é o detalhe?

– Prometa não brigar comigo.

– Sim, diga, homem! O que é?

– Já está na hora do nosso filho nascer. Eu disse a ele que aceitaria com a condição de você engravidar e me dar o tão sonhado filho.

– Onde já se viu isso? Você negociando a minha maternidade?!

– Não é isso, Natália. Você sabe que o meu sonho é ser pai. Nós estamos juntos desde meninos e eu nunca a enganei. Eu preciso ser pai.

Natália se levanta e se aproxima do marido. Carinhosamente, ela pega o rosto de Josimar com as duas mãos e lhe beija a boca.

– Meu amor, se é essa a condição, diga-lhe que eu aceito. Eu aceito ser a mãe do seu filho. Eu aceito morar em São Paulo. Eu aceito o novo escritório. Eu aceito tudo, se for ao seu lado.

– Eu te amo, Natália.

Eles se beijam calorosamente.

– E ainda tem mais – continua Josimar.

– Tem mais?

– Sim, eles nos ofereceram um bom apartamento na zona leste de São Paulo, bem pertinho do escritório. Poderemos morar lá pelo tempo que quisermos.

– Nossa, é o sonho! – diz Natália.

– Sim, amor, nosso sonho está se tornando realidade. Graças a Deus e aos nossos mentores espirituais. Não podemos esquecer que os espíritos amigos estão nos ajudando.

– Podemos convidar a Solange para tomar conta deste escritório e da carteira de clientes que temos aqui. Ainda assim, teremos uma renda extra, oriunda deste nosso escritório aqui. O que você acha?

– Sim, eu acho ótimo. E podemos alugar o nosso apartamento. Faremos uma poupança para o nosso filho com o dinheiro que sair daqui.

– Ótima ideia, amor.

– Vamos nos mudar para São Paulo?

– Só se for amanhã!

Eles riem e se abraçam com alegria.

– Hoje mesmo vou contar ao Eduardo que aceitamos e viajaremos na segunda-feira para acertar os detalhes desse novo negócio.

– Combine com ele. Assim que estiver tudo acertado, me avise, que eu vou procurar a Solange para conversarmos.

Afinal, ela ainda não tem seu escritório próprio e essa será, sem dúvidas, uma grande oportunidade para ela.

– Sim, eu tenho observado o comportamento e a dedicação dela lá no centro espírita. Eu acho, sinceramente, que a escolha é acertada.

– Assim que você me autorizar, eu converso com ela.

– Está bem, amor.

– Podemos oferecer um percentual a ela. O que você acha?

– Sim, vamos oferecer sociedade a ela neste escritório.

– Nossos pais é que não vão gostar muito da ideia.

– É verdade. Mas são só seis horas de viagem. Qualquer coisa, estaremos por perto.

– Sim. Façamos assim – diz Natália, feliz.

– Eu te amo.

– Eu também te amo muito.

Tudo acertado. A mudança já tem dia e hora para acontecer. O espaço do centro espírita é cedido pela direção para a festa de despedida do casal. Josimar é só alegria. Orgulhosos, seus pais não se cansam de abraçar os convidados. Natália está muito feliz. Afinal, seu sonho está se tornando realidade. Em São Paulo, a renda da família será maior e ela poderá realizar tudo o que sempre desejou.

Abraços, sorrisos, preces e alegrias. Todos estão muito felizes.

– Eu vou ficar aqui orando por você, meu filho – diz Sebastião, orgulhoso do filho.

– Pai, eu vou estar sempre perto de vocês.

– Eu sei, meu filho. Sempre sonhei com este dia. O dia em que meu filho iria viver na capital e eu ficaria triste com a partida. Agora eu compreendo que nós temos esse poder. Podemos ver o futuro com os olhos da alma.

– Sim, papai. O Espiritismo nos permite compreender muitas coisas que acontecem conosco em nosso dia a dia.

– Sim, filho.

– Agora cuide bem da mamãe. E eu estarei sempre por perto.

– Filho, embora você possa achar uma tolice, deixe-me lhe dizer uma coisa. Sente-se aqui – pede Sebastião, puxando o braço direito de Josimar para convidá-lo a sentar-se ao seu lado.

O rapaz aceita a oferta e se senta ao lado do pai, que diz:

– Filho, você sempre foi um menino ótimo. Sempre esteve ao meu lado e ao lado de sua mãe. O acidente que você sofreu e de que, graças aos nossos amigos do plano espiritual, você não tem mais nenhuma lembrança… física e, muito menos, espiritual… na época, foi o que o impediu de se mudar para São Paulo. Você se lembra?

– Sim, papai. Estava quase tudo acertado com o Eduardo. Daí eu sofri o acidente e não pude concretizar a oportunidade.

– Pois bem. Agora novamente você recebe esta oportunidade… este convite… e, pelo que tudo indica, você irá mesmo para a capital.

– Pai…

– Espere eu acabar de falar. Eu não quero assustar você nem, muito menos, interferir em seu destino. Mas eu vou falar com a voz do coração.

– Diga, então, meu pai. Fale-me com a voz do coração.

– Meu coração está apertado. Ele sofre e me diz que você vai sofrer a maior tristeza de sua vida lá em São Paulo.

– Pai, o que é isso?!

– Isso é a voz de um homem com 65 anos, espírita há mais de 30 anos. Essa é a voz de um homem que se acostumou a ouvir a voz que vem de dentro. Um homem que se acostumou a conversar com os espíritos. Porém, é o seu destino. Só me cabe alertá-lo que, sempre que precisar, seja em qualquer hora ou em qualquer situação, eu estou aqui!

– Pai, como eu te amo! – diz Josimar, abraçando carinhosamente Sebastião. – Vamos torcer para que você esteja enganado, né, pai?

– Sim. Eu oro todos os dias para que esteja enganado mesmo.

– Pai, sempre que eu precisar, o chamarei. Pode deixar.

– Conto com isso, filho. Eu conto com isso...

Três dias depois, Josimar e Natália já estão morando em São Paulo.

Ela se adapta rapidamente à vida corrida da cidade grande. Josimar ainda procura desesperadamente um bom centro espírita para frequentar.

Os dias vão passando. A sociedade corre bem. Não poderia ser melhor. Eduardo é um bom amigo e um excelente sócio. Todos estão ganhando muito dinheiro e se sentem felizes.

Em um domingo, Josimar e Natália estão sentados no Parque do Ibirapuera, observando o lindo dia de outono.

– Natália?

– Sim, amor.

– Deite-se aqui – convida ele, para que ela se deite à beira do lago. – Esta cena faz você se lembrar de alguma coisa?

– Que cena?

– Nós dois deitados à beira de um lago...

– Sim, como eu poderia esquecer?! Foi num lugar como este que demos o nosso primeiro beijo.

– E é num lugar como este que eu quero lhe pedir uma coisa.

– Peça, amor.

– Você vai deixar o nosso filho nascer?

– Sim, eu já parei de tomar os remédios e minha médica está acompanhando tudo de perto. Eu não esqueci o que eu lhe prometi. Nós já estamos há um ano e dois meses em São Paulo. As coisas já estão fluindo lá no escritório. Agora, sim, eu posso ter o nosso bebê.

– Eu te amo, viu, garota?! – diz Josimar, apaixonado.

O beijo é tão ardente e apaixonado quanto o primeiro beijo que eles deram, há oito anos.

– Vamos continuar a andar de bicicleta?

– Vamos, amor.

E o dia termina com um jantarzinho num pequeno e aconchegante restaurante próximo ao seu apartamento.

Passados dois meses, Josimar acorda durante a madrugada com um barulho forte vindo do banheiro. Ele se põe de pé num instante e corre para ver o que está acontecendo com Natália.

– Amor, o que houve?

Natália está sentada no chão, debruçada sobre o vaso sanitário, vomitando muito.

Rapidamente, ele pega uma toalha de rosto e a molha com água morna, a fim de passar no rosto de sua amada, que continua vomitando.

Josimar já não sabe o que fazer.

– Vou ligar para a sua mãe, para ela me dizer o que eu devo fazer. Você está branca e pálida! O que eu faço, Natália?

– Deixe de ser bobo, homem! Não está vendo que eu estou é grávida?

– E grávida vomita assim?

– Sim, amor, grávidas vomitam assim. Ainda mais eu, que sou marinheira de primeira viagem. Minha mãe me ensinou muita coisa em minha criação.

– Eu não sei se pulo de alegria ou se choro. O que eu faço, Natália?

– Pule e molhe essa toalha em água gelada, por favor.

Feliz, Josimar corre até a cozinha e pega uma porção de gelo para colocar na toalha. Ele está tão feliz que quase quebra a cozinha toda tentando tirar o gelo da pobre forminha espatifada.

– Você é louco! Quase acordou a vizinhança inteira. Que barulho foi esse na cozinha?

– Eu estava tirando o gelo da forminha.

– É só você colocar a forma embaixo d'água, amor.

– Eu não sabia o que fazer. Estou nervoso!

Natália lava o rosto e se dirige até a cama.

– Deite-se aqui, amor. Deite-se devagar, por favor – diz Josimar, fazendo Natália começar a gargalhar. – O que houve? O que foi que eu fiz agora?

– Você é um palhaço mesmo – diz ela, rindo.

– Mas o que foi que eu fiz?

– Josimar, eu estou grávida. Não estou doente.

– Eu sei, mas nós temos que ter cuidados com o bebê agora.

– Deixe de ser bobo, homem.

– Você está melhor?

– Sim, já estou melhor. Agora volte a dormir. Amanhã cedo nós temos que trabalhar. Eu vou aproveitar a parte da manhã para ir até a minha médica fazer um exame para confirmar a gravidez.

– Quer que eu vá com você?

– Se você quiser...

– É claro que eu quero! Quero participar de tudo, amor.

– Então, logo que eu acordar, ligarei para ela e poderemos ir até a clínica para fazer o exame.

– Está bem, Natália. Faremos assim.

A noite é longa e eles não conseguem dormir. Ficam planeando o que fazer caso seja menino ou menina. Naquela noite, Natália vomita mais três vezes.

Exaustos, eles chegam à clínica para o exame de ultrassonografia agendado pelo telefone às 7h.

– Bom dia, Natália!

– Bom dia, Eliane!

– O senhor deve ser o pai.

– Sim. Bom dia, doutora! Eu me chamo Josimar.

– Seja bem-vindo, Josimar. Pelo visto, passaram a noite em claro?

– Como a senhora sabe?

– Pelos seus semblantes. Vocês estão abatidos.

– Foi uma longa noite de vômitos – diz Natália.

– Se tudo se confirmar, vou lhe dar algumas dicas de como evitar passar tão mal assim. E, se quiser, passo um remedinho para enjoo.

– Ah, que bom, doutora! Assim, eu vou poder dormir em paz – diz o rapaz.

Todos riem de Josimar.

– Venha, Natália. Eu vou levá-la para se aprontar para o exame.

– Obrigada, Eliane.

Natália é levada para uma sala e tira a blusa, colocando um roupão que vai até um pouco abaixo do joelho. Em seguida, ela é levada para a sala de ultrassonografia.

– Senhor Josimar, o senhor já pode entrar.

Josimar estava na antessala aguardando o convite.

Doutora Eliane passa, então, um gel na barriga de Natália e as imagens começam a mostrar um pequeno bebê, ainda minúsculo, na barriga da mãe, que não contém a emoção e começa a chorar. Josimar fica emocionado e também cai no choro. O bebê finalmente está a caminho. Seu sonho será realizado.

Ele abraça Natália, feliz e emocionado. Eliane orienta Natália sobre os riscos da gravidez e a instrui sobre os cuidados de agora em diante.

Todos estão muito felizes.

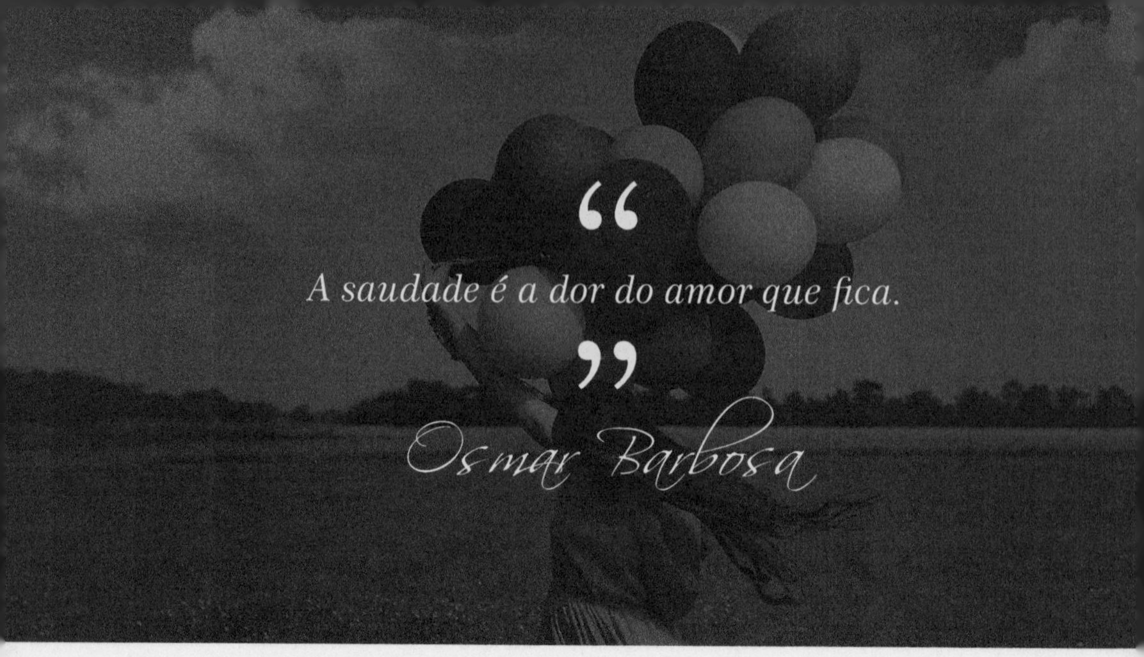

Saudades Eternas

Sábado.

O telefone toca e Josimar corre para atender.

– Alô?

– Josimar?

– Sim.

– Sou eu, o seu pai.

– Oi, pai! – diz Josimar, sentando-se em uma cadeira ao lado da mesa do telefone.

– Filho, você precisa vir para cá com urgência.

– O que houve, pai?

– Olhe, filho, você tem que ser forte agora. E, principalmente, dar muita força para a Natália.

– Pai, você está me assustando. O que houve?

– A Natália está aí por perto?

– Sim... quer dizer, não. Ela está na varanda aqui do apartamento, pintando alguns paninhos que ela mesma está fazendo para a nossa filha.

– Filho, fique calmo, por favor.

– Pai, o que houve?

– É o Alberto, filho.

– O que houve com o seu Alberto, pai?

– Ele morreu, filho. Acaba de morrer. Ele teve um infarto fulminante.

– Meu Deus... e a Natália, grávida. Como ela vai encarar isso? Meu Deus! Como está a dona Sônia?

– Arrasada. Muito triste de ter visto o Alberto morrer assim. Estamos preparando o velório. Eu falei para a Sônia que iria avisá-lo, já que ela tem medo de contar para a Natália, devido à gravidez. Filho, faça a coisa com calma. Explique para ela que ele estava feliz e tudo mais. Sinceramente, eu não sei como você vai fazer isso, mas faça com calma e carinho.

– Está bem, pai. Eu vou conversar com a Natália, e nós estamos indo para aí.

– Venha aqui para casa. Não vá para a casa da Sônia, não. Não é bom que a Natália fique se lembrando do pai.

– Está bem, pai. Pode deixar.

– Fique com Deus, filho.

– E a mamãe, como ela está? Ela está bem?

– Sim, ela está com a Sônia. Elas são muito amigas, você sabe.

– Está bem, pai. Estamos indo para aí. Amanhã cedo chegamos.

– Venha devagar. Essa estrada é muito perigosa.

– Pode deixar, pai. Fique com Deus.

– Você também, filho. O enterro é às 11h. Não se esqueça, 11h.

– Ok, pai, pode deixar. Beijos.

– Beijão, filho. Eu te amo.

– Eu também, pai.

Uma enorme tristeza invade o coração de Josimar.

– Meu Deus, como eu vou contar isso para a Natália? Bons espíritos, me ajudem, por favor.

Nina e Felipe chegam à casa de Josimar. Nina se aproxima de Natália e começa a lhe estabilizar o coração. Natália está pensativa e não percebeu a ausência de Josimar. Então, Nina faz com que Natália comece a se lembrar do seu tempo de infância. Da família. Dos amigos. Nina provoca nela o pensamento de desejar tudo o que ela viveu na infância para a filha que vai nascer. Natália se lembra de quando corria na praça com seus pais e sente uma saudade enorme de tudo aquilo.

Nina, na verdade, está lhe preparando para a notícia que ela vai receber.

Quando nos lembramos de nossa infância ao lado de nossos pais, nós começamos a imaginar a vida sem eles. É um pensamento normal de todos nós. Começamos a acreditar que, um dia, eles irão embora e que teremos que continuar nossa trajetória evolutiva.

Natália sente saudades dos pais.

Josimar se aproxima e traz nas mãos um copo de água bem gelada.

– Oi, amor.

– Oi! Adivinhou que eu estava com sede?

– Sim, eu resolvi lhe trazer este copo com água e lhe passar um ensinamento que eu recebi uma vez lá no centro espírita.

– Qual é o ensinamento?

Josimar coloca o copo na palma da mão e o mostra para Natália.

– O copo cheio, meu amor, é o começo da vida. Enquanto vamos crescendo e nos desgastando com nossas lutas diárias, para que nos tornemos vencedores, são necessários alguns goles de água para o nosso refazimento. Assim, quando tomamos a última gota de água no fundo do copo, está na hora de voltarmos à fonte de onde tudo recomeça. Nossa vida é assim: nascemos, crescemos, envelhecemos e morremos. Depois da morte vem o recomeço, onde renasceremos, cresceremos e morreremos. Assim é a vontade de Deus.

– Engraçado, eu estava aqui pintando este paninho e me lembrando dos meus pais. Um dia, eles vão partir e eu terei que continuar, assim como esta menina que estamos esperando. Um dia, partiremos de perto dela e ela terá que seguir seu caminho sozinha, sem nós... Precisamos escolher o nome da nossa menina, Josimar.

– Eu já falei qual eu gostaria que fosse: Manuela, com "U".

– Amor, eu não vou brigar com você por causa disso. Vamos combinar assim: agora teremos a Manuela e depois, quando vier o segundo filho, eu escolho o nome do menino. Pode ser?

– Como você sabe que será um menino?

– Se for, eu escolho. Se for outra menina, você escolhe. Está bem?

– Combinado. Agora eu preciso lhe dizer outra coisa, e preciso que você seja forte como sempre foi.

Nina se aproxima ainda mais e estende suas mãos sobre Natália.

– Diga, Josimar.

– Eu atendi ao telefone ainda há pouco e era o meu pai, me dando uma triste notícia.

– Aconteceu alguma coisa lá em casa?

– Sim. Infelizmente, seu pai desencarnou – diz Josimar, segurando forte as mãos de Natália. – Seja forte, amor. Pense na Manuela.

Natália não fala nada. Ela cobre o rosto com as duas mãos e começa a chorar.

– Calma, Natália. Por favor, pense na Manuela – insiste Josimar.

– Eu estou calma, amor. Ainda há pouco eu estava pensando na minha infância. Estava pensando justamente no meu pai. Parece que alguma coisa já estava me preparando para esta notícia.

– Ainda bem que minhas preces foram ouvidas, amor.

– Eu preciso me acalmar para não afetar a Manuela. Eu preciso ser forte.

– Isso, querida. Isso mesmo. Você tem que pensar no nosso bebê.

– Mas o que houve com o meu pai?

– Ele teve um infarto fulminante. Ainda tentaram levá-lo para o hospital, mas ele já chegou lá morto.

– Coitado do meu pai. Eu gostaria de ter me despedido dele – diz Natália, chorando.

– Mas Deus quis assim, amor. Deus quis assim...

– Precisamos ir para casa. Preciso ajudar a mamãe.

– Querida, eu sei da sua ansiedade, mas você está no sétimo mês de gravidez. Viagens longas não são recomendadas para ninguém nesse período. Não é melhor ligar para a Eliane e perguntar para ela se você pode viajar?

– Vou ligar para ela agora mesmo. Você fala com ela, pois não tenho condições. Vamos seguir as suas recomendações. Está bem assim, amor?

– Sim, eu vou pegar o telefone para você ligar para ela.

Josimar vai até a sala e pega o aparelho telefônico, que tem um fio grande, o que possibilita atender e falar ao telefone por quase todo o apartamento.

– Alô, doutora?

– Sim. Oi, Natália! Está tudo bem? Que voz é essa?

– Eu estou bem, Eliane. É um problema com o meu pai.

– O que houve?

– Ele morreu, e eu preciso viajar até a minha cidade para o enterro. São apenas seis horas de carro. O que você recomenda?

– Olhe, Natália, é sua primeira gravidez e as coisas estão indo muito bem até aqui. O sétimo mês é um mês muito perigoso. Eu não recomendo você ir agora, por causa do trânsito de São Paulo, como todos conhecem. Se puder, viaje durante a noite ou amanhã bem cedinho, evitando os engarrafamentos, que alongarão a sua viagem. Isso, sim, pode lhe fazer mal. Ficar sentada durante muito tempo na mesma posição e tomando solavancos não é recomendado.

– Espere um pouquinho, doutora, por favor – diz Natália. – Josimar, que horas é o enterro do papai?

– Às 11h, amor.

– Então, doutora, eu vou viajar amanhã bem cedinho, seguindo as suas orientações.

– Não volte no mesmo dia. Você precisará de dois dias, no mínimo, de repouso lá na sua cidade antes de encarar a volta. E, olhe, precisamos fazer mais uma ultra, para ver como está o bebê. Afinal, você só fez uma até hoje.

– Pode deixar, Eliane. Quando voltar, eu a procuro para fazermos uma nova ultra. Obrigada!

– Meus pêsames, querida, e boa viagem.

– Obrigada, doutora.

Após desligar o telefone, Natália conversa com Josimar:

– Amor, vamos preparar uma mala com algumas roupas e partimos bem cedo, para evitar o trânsito.

– Está bem, querida. Vamos até o quarto preparar a mala, então.

Natália permanece quieta. Senta-se na cama, sendo auxiliada por Josimar, para fazer sua mala de viagem. A dor corrói o seu coração em silêncio.

Nina deixa o ambiente e volta à Colônia Amor e Caridade, acompanhada de Felipe.

O dia amanhece e, após longa e cansativa viagem, Natália finalmente chega ao velório de seu pai.

O momento é de muita tristeza. Todas as amigas da cidade estão presentes. Débora corre para abraçar a amiga. Solange se aproxima e acompanha Natália bem de perto.

Sônia, ao avistar a filha, cai em choro profundo. Todos estão muito apreensivos com o estado em que Natália se encontra. Afinal, sua enorme barriga preocupa a todos. O momento é de muita tristeza e preocupação. Sebastião se coloca ao lado do filho e da nora e se mantém em orações. Todos estão muito tristes. Alberto era o mecânico mais querido do lugar.

Após as preces proferidas por Iara e outros amigos do centro espírita, o corpo de Alberto repousa no leito eterno da morte.

Durante a noite, os amigos mais próximos se reúnem no centro espírita em vigília e oração para que Alberto seja recebido nas colônias espirituais do plano superior. Josimar fica ainda mais comovido ao entrar na casa espírita onde foi curado e onde mantém amizades verdadeiras.

Sônia está mais calma. Agora ela se sente um pouco feliz com a presença da filha.

– Mãe, você está bem?

– Sim, filha. Eu tenho que me conformar. Foi a vontade de Deus.

– Ele estava bem, mãe?

– Sim. Ele acordou normalmente, tomou café e foi tomar banho. Como achei que ele estava demorando, bati várias vezes na porta. Quando ele não atendeu, eu comecei a me desesperar e chamei o seu João, o vizinho, que arrombou a porta e encontrou o seu pai caído, ainda vestido, sobre o vaso sanitário. Na queda, ele machucou o braço. Pensamos ser só isso, mesmo ele estando desacordado. Corremos, colocamos ele no carro e levamos para o hospital. Chegando lá, o médico constatou que ele já estava morto e que nada poderia ser feito.

– Será que ele sofreu, mãe?

– O médico disse que ele não sentiu nada. Foi fulminante.

– Ainda bem que ele não sofreu. Ele não merecia sofrer.

– Verdade, filha. E o neném, como está?

– Manuela, mamãe. Manuela será o nome da sua neta.

– Que lindo nome vocês escolheram!

– Gostou?

– Amei!

– Agora vamos para casa, meninas. Vocês precisam descansar – diz Antônio, aproximando-se das duas.

– Ah, seu Antônio, preciso, sim... Eu preciso dormir.

– Vamos, Natália. Fiquem lá em casa. Há espaço para todos. Hoje ainda é domingo. Jantaremos juntos lá em casa.

– Obrigada, seu Antônio – diz Sônia.

Após o jantar em família, todos descansam para um recomeço de semana.

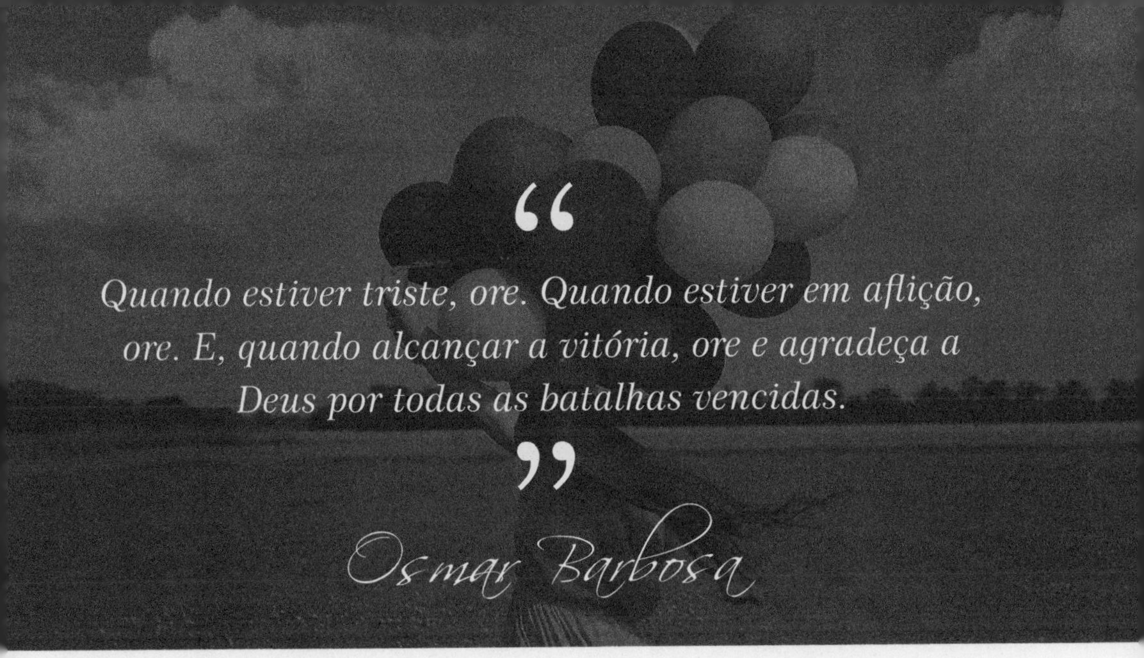

A Grande Lição

Passado um mês do falecimento de Alberto, Natália liga para Eliane, a fim de marcar outros exames para saber como está Manuela.

– Alô, Eliane?

– Sim, quem é?

– Sou eu, Natália.

– Oi, Natália! Como você está?

– Estou bem.

– E o bebê? Mexendo muito?

– Muito, doutora. Esta garota é sapeca, viu?!

– Isso é bom.

– Estou ligando para marcar os exames que você recomendou.

– Sim, pode vir amanhã aqui na clínica que faremos tudo. Não precisa marcar.

– Que horas devo chegar?

– Eu chego às 7h.

– Posso chegar nesse horário?

– Sim, pode vir. Venha em jejum.

– Está bem. Estarei aí. Até amanhã!

– Até, Natália!

Na manhã seguinte, Natália vai à clínica médica sozinha, pois Josimar tem compromissos no escritório.

Após vários exames, Natália é orientada a esperar pela médica, que deseja lhe falar.

Ela fica preocupada e aguarda Eliane em sua sala.

– Oi, Natália.

– Você sumiu no meio do exame. Aconteceu algo?

– Na verdade, eu precisava checar uma coisa.

– Algum problema com a Manuela?

– O Josimar não veio?

– Não, ele tem audiências hoje e não pôde vir. Mas o que houve, Eliane?

– Temos um probleminha, querida.

– Com a Manuela?

– Sim. Não fique nervosa. Não há nada que possamos fazer. Na verdade, a meu ver, é uma benção que você está recebendo.

– O que houve? Por favor, me conte...

– A Manuela é portadora da síndrome de Down.

– Como assim, síndrome de Down?

– As crianças portadoras da síndrome têm uma alteração no cromossomo. Ela tem um cromossomo a mais.

– Meu Deus!

– Não fique assim. Ela é uma criança como qualquer outra. Fique calma.

– Eu não estou nervosa. Só estou preocupada. Sei o que é Down. Um dia desses, eu estava lendo um livro que explica o que é a síndrome.

– Pois não se preocupe. Hoje em dia, tem muita coisa que você pode fazer por uma criança com Down. Elas vivem normalmente.

– Como vou explicar isso para o Josimar? Ele está tão animado.

– E pode continuar animado. Eu vou encaminhá-la para a Alessandra. Ela é assistente social e psicóloga. Converse com ela. A Alessandra é uma profissional qualificada e vai ajudá-la muito com a Manuela. Agora, amiga, é estudar e aprender a cuidar da Manuela.

– E onde ela está? Tenho que ir a algum lugar?

– Não, ela está aqui mesmo. Trabalha aqui na clínica. Venha, vou levá-la até a sala dela. Mas, antes, deixe eu lhe dizer outra coisa. Manuela é grande, está saudável e nascerá em breve. Ela já está encaixada e pronta para vir ao mundo, e eu tenho certeza de que você e o Josimar serão excelentes pais para ela.

– Seja o que Deus quiser.

– Isso! Confie em Deus.

– Eu confio. O meu marido é espírita. Ele vai aceitar muito bem a nossa filha. E eu também...

– Que ótimo! Eu fico feliz que tudo será tranquilo e que ela trará muita felicidade para o seu lar.

– Estou triste, mas, ao mesmo tempo, feliz. Não sei explicar muito bem o que está acontecendo dentro de mim. É um misto de sentimentos muito estranhos.

– É Deus abraçando você, Natália.

– Deve ser, porque, confesso, nunca recebi uma notícia assim com tanta calma dentro de mim. Parece que receberei um anjo.

– Deus é bom, Natália. E Ele está lhe entregando um de Seus anjos, para você ter o privilégio de cuidar.

– Eu sei. Ele fez tanto por nós, que nem posso reclamar de nada. Tenho uma vida abençoada e confio que Deus está me entregando esta responsabilidade porque estou pronta e capacitada para o desafio.

– Venha, vamos à sala da Alessandra. Ela é ótima e vai ajudá-la muito neste período. Você está preparada para a Manuela.

– Obrigada, Eliane.

– Nada... Venha – diz Eliane, levantando-se e levando Natália à sala ao lado, onde lhe apresenta Alessandra.

Após se despedirem, Natália passa aos cuidados da profissional indicada.

Natália sai do consultório um pouco triste, mas confiante nos propósitos de Deus.

Quando uma mãe recebe uma notícia como essa, ela custa a acreditar. Mãe é mãe, como todos sabemos, e Natália não difere. Ela fica pensando que o exame pode estar enganado e confia que Deus vai ajudá-la a cuidar da criança.

À noite, Natália se arruma e espera por Josimar para irem ao centro espírita. Ela nada falou ao marido. Embora não tenha o costume de frequentar o centro espírita, algo dentro de Natália diz que ela tem que ir e conversar com Josimar na presença da dirigente de nome Aurea, que é a grande conselheira de todos.

Josimar chega do trabalho e estranha ver Natália arrumada, esperando seu retorno. Ela não tem o costume de fazer isso.

– Oi, amor! – diz ele, beijando Natália.

– Oi, querido!

– O que houve? Por que você está com essa carinha? Está tudo bem? Está arrumadinha... Vai sair?

– Quero ir com você ao centro espírita hoje.

– Deu formiga aí? Estranho... Você nunca quer ir.

– Você fala tão bem do centro, que estou interessada em participar. Quero conhecer o mentor espiritual de lá.

– Que bom, meu amor! O pessoal do centro vai ficar feliz em ter você conosco. Hoje a sessão é de instrução espiritual. É o dia em que o mentor vem para falar conosco. Você vai gostar.

– Espero. E a dirigente, dona Aurea, vai estar lá?

– Sim, claro. É ela quem permite que o mentor a use para transmitir os ensinamentos e as orientações do trabalho da casa.

– Então, estou indo no dia certo. Quero conhecê-la.

– Vou tomar um banho e trocar de roupa, e daí podemos ir.

– Vou esperá-lo aqui na sala. Não demore.

– É rapidinho, amor.

Após Josimar se arrumar, eles se dirigem ao centro espírita, que não fica muito distante de sua casa.

O lugar está bem cheio. Natália é saudada por todos. Afinal, Josimar é muito querido na casa espírita e todos ficam felizes com a presença de Natália, que está em seu oitavo mês de gestação.

Aurea, ao perceber a presença de Natália, vai até o lugar em que ela está sentada, na primeira fileira da assistência.

– Que bom que você veio hoje, Natália! Estávamos saudosos de sua presença.

– Oi, Aurea! Desculpe minha ausência, mas a gravidez tem me consumido. Sabe como é, a dificuldade de uma grávida para se locomover, se sentar, e tudo mais.

– Eu sei, meu amor. Realmente, é bem complicado. Mas vejo que você está bem. Para quando é o nascimento?

– Mês que vem.

– Que ótimo! Que venha com saúde, né?

– Sim, saúde é o mais importante.

– Olhe, deixe eu lhe dizer uma coisa... Posso?

– Claro. Pode, sim.

– Sempre que você precisar de nós, estaremos aqui. Sei que a sua vida como advogada é conturbada e exige muito de você, mas o Josimar está sempre muito preocupado com a sua evolução espiritual e roga a Deus e aos nossos mentores que você venha para a nossa seara. Saiba que você tem aqui uma amiga, com quem pode contar sempre.

– Obrigada, Aurea! Você é realmente um anjo bom em nossas vidas. Eu sempre agradeço por você cuidar tão bem do meu marido.

– Nós é que somos felizes em tê-lo ao nosso lado.

– Obrigada, querida!

– Agora precisamos dar início ao nosso encontro.

– Obrigada por tudo.

Aurea beija as mãos suaves de Natália e se dirige à sua mesa para dar início à reunião de orientação espiritual.

Após uma linda prece, Aurea incorpora a mentora espiritual do centro espírita, que passa uma linda mensagem a todos.

– Meus amados irmãos, a vida espiritual está repleta de novidades. Não pensem que, ao deixarem a vida humana, terão tempo para repouso, pois, na grande obra edificadora, não há tempo a perder.

“Todos os espíritos estão em missão, seja na vida de encarnado, seja nas esferas espirituais.

"Somos uma somatória de desejos e ambições evolutivas, e todas as possibilidades estão à disposição dos filhos de Deus.

"Nesta casa de amor e caridade, temos o dever de orientá-los a seguirem o caminho redentivo. Só há um caminho a seguir, e essa estrada estreita é a que os livra das encarnações de provas e expiações. Somente mudando a essência podemos mudar o caminho.

"Sabemos das necessidades diárias de todos os seres que expiam na carne. Mas a carne é do meio em que vivem e não será levada às cidades espirituais. Portanto, vivam o que é da carne na carne e o que é de Deus em Deus...

"A missão dos espíritos é auxiliá-los para que se encontrem consigo mesmos. É despertar o que há de melhor nos irmãos encarnados, orientando-os a seguirem o caminho do bem, do amor e da caridade.

"Lembrem-se de que a vida não termina com esta vida e há pessoas, fatos, lembranças e amores a esperá-los.

"Aproveitem a vida ao máximo, mas também aproveitem os amores, pois esses são eternos e são os únicos que vocês levarão após a curta existência terrena. Que Deus abençoe a todos!"

Emocionados com a linda mensagem da mentora, todos oram com ela por aquele dia.

Natália deixa cair em sua linda face algumas lágrimas. Tocada pelas palavras da mentora, ela sente haver algo maior na chegada de Manuela. Há algo que os espíritos precisam explicar...

– Amor?

– Oi, querida.

– Tem como a gente falar com a mentora?

– Infelizmente, não, amor.

– Poxa, eu queria tanto falar com ela.

– Ela quase não fala com as pessoas. Somente passa as orientações que temos que seguir e vai embora. Não fique triste. Ela nos ajuda de qualquer forma.

Naquele momento, a mentora pede que sejam chamados à sua presença Josimar e Natália.

– Josimar, a mentora quer falar com você e sua esposa – diz Jandira, uma irmã do centro espírita.

Surpreso, Josimar se levanta e pega Natália pelo braço, auxiliando-a a se levantar e ir até a mesa onde a médium está sentada, incorporada com a mentora espiritual.

– Venha, amor. Eu não sei por que ela nos chamou, mas vamos falar com ela.

– Ela ouviu o meu pedido, Josimar.

– Será?

– Vamos ao encontro dela.

Josimar e Natália se sentam em duas cadeiras na frente da mentora espiritual.

– Boa noite, mentora.

– Sejam bem-vindos, meus filhos.

– Boa noite, mentora – diz Natália.

– Minha filha, quando você foi informada sobre a criança especial que trará ao mundo, nós estávamos ao seu lado.

Você precisa compreender que tudo o que vocês vivem e viverão daqui por diante é, na verdade, um resgate do passado espiritual de vocês e que o fato de sua menina ter um problema não significa que vocês devem deixar de amá-la. É uma encarnação difícil para ambos. São provas difíceis para todos. Portanto, sejam corajosos e, acima de tudo, coloquem o amor em primeiro lugar, pois será o amor que fará com que sua bebê, seu marido e você sejam felizes e superem a missão escolhida para esta encarnação.

Josimar olha assustado para Natália, perguntando-se o que está acontecendo. A mentora continua:

– Você, meu filho, não está sendo enganado pela sua esposa. Ela só se sente insegura e busca nos espíritos a força para superar o drama que vive internamente. Estaremos sempre por perto. Sempre que precisar, invoque-nos em suas orações e estaremos ao seu lado para auxiliá-los na criação de sua menina. Deus abençoe vocês – diz a mentora, colocando a mão direita sobre a barriga de Natália.

Josimar está surpreso e tenta entender o que há com a Manuela que ele ainda não sabe.

Após agradecerem a mentora, eles voltam aos seus lugares para esperar o encerramento da sessão.

Josimar está muito assustado com o que lhe foi revelado e não para de se perguntar o que pode estar errado com Manuela.

– Amor, o que houve?

– Fique calmo. Quando terminar a sessão, conversaremos.

– Mas...

– Mas nada. Espere o momento certo.

Josimar se cala e espera ansioso o término da reunião, para saber por que a mentora lhes passou aquela mensagem.

Após preces e agradecimentos, o encontro é encerrado.

– Vamos, amor?

– Preciso falar com a Aurea – diz Natália.

– Vamos até a sala dela.

Josimar vai até a sala da diretoria com Natália.

– Com licença, Aurea?

– Entre, Josimar – diz Aurea, levantando-se para receber o casal.

– Desculpe-nos incomodar. É que a Natália quer falar com você.

– Sentem-se.

Natália e Josimar sentam-se lado a lado.

– O que houve? Em que posso ajudar?

– Tenho um assunto a tratar com o Josimar e gostaria da sua ajuda, Aurea.

– Claro, meu amor. É particular?

– Sim, se for possível?

– Pessoal, me deixem conversar com o casal em particular, por favor.

Dois assistentes que estavam na sala deixam o lugar e Aurea pede a Josimar para que feche a porta.

Josimar se levanta e fecha a porta, voltando a se sentar ao lado de Natália.

Ele está assustado com a atitude da esposa, sem conseguir entender por que ela quer ter uma conversa secreta com a dirigente do centro espírita. Ele fica se perguntando o que está acontecendo.

– Podemos conversar, Natália.

– Obrigada por nos receber, Aurea, e ser este ser de luz em nossas vidas.

– Meu amor, estou aqui para isso.

– Josimar, meu amor, hoje, quando estive na clínica para fazer os exames e ver como está a nossa filha, fui surpreendida com a notícia de que Manuela é portadora da síndrome de Down.

Josimar leva as duas mãos ao rosto.

– Tenha calma, Josimar – diz Aurea.

– Por que, meu Deus? Por quê?

– Porque vocês estão preparados para recebê-la. Porque vocês foram escolhidos por este espírito, que precisa expiar ao lado de vocês, Josimar.

– Como você está, querida?

– Estou bem, meu amor. Aceitei o desafio que Deus me entregou. Eu tenho certeza de que seremos muito felizes com a Manuela.

– Você está bem mesmo, Natália?

– Estou, querido. Por isso fiz questão de lhe contar isso aqui, no centro espírita.

– O amor que sinto pela Manuela não vai mudar pelo fato dela ser assim. Estou preparado para a missão de ser pai dela. Confio na Espiritualidade e agora entendo perfeitamente o que a mentora de nossa casa disse a você quando conversamos com ela. É algo do nosso passado. Vamos encarar e resolver da melhor maneira possível. Não se preocupem comigo. Eu prometo amá-la com todas as minhas forças.

– Que lindo, amor! – diz Natália, beijando o rosto de Josimar.

– Vocês são maravilhosos – diz Aurea, feliz.

– Agora podemos ir. Venha, amor. Deixemos a Aurea trabalhar.

– Eu te amo, Natália.

– Eu também te amo, Josimar.

– E eu abençoo vocês e a Manuela. Que venha com saúde e que possamos receber, educar, amparar e amar esse espírito!

– Amém – diz Natália, sorrindo.

– Vocês são incríveis – diz Aurea.

– Nós é que agradecemos a acolhida desta casa e tudo o que aprendemos diariamente com nossos mentores espirituais – diz Josimar.

– Natália, minha filha, eu quero vê-la mais vezes sentada aqui na casa espírita.

– Vou estar mais presente. Prometo.

– Que Jesus abençoe sua hora!

– Amém – diz Natália, levantando-se para deixar a sala.

Após abraços e sorrisos, Natália e Josimar deixam o centro espírita e voltam para casa.

Os dias passam…

Manuela chega ao mundo, recebida com muito amor e alegria. Um lindo bebê, de cabelos negros como os da mãe e olhos esverdeados como os do pai. Todos estão muito felizes. Ela chega pesando 3,150 quilos. Uma bela menina, saudável e portadora da síndrome de Down.

– Amor, Deus nos presenteou com o bebê mais lindo de São Paulo.

– Verdade, querida. Ela é linda mesmo. Gorducha e gostosa assim como você. Teremos agora uma batalha pela frente.

– Ei, você está me chamando de gorda?

– Não, boba. A parte da gostosa é que parece com você.

– Ainda bem, senhor Josimar, ainda bem! Na verdade, a doença da nossa filha é, e será, um grande aprendizado. É uma benção terem nos permitido educar e amar a Manuela.

A enfermeira chega ao quarto para pegar Manuela e levá-la ao berçário.

– Acabou o momento paparicação, papai e mamãe. Agora a dona Manuela precisa dos meus cuidados.

– Ah, que pena! Ela já tem que ir?

– Sim, mãe. Agora ela tomará banho e se preparará para amanhã ir para casa com os pais mais felizes do mundo. Mais tarde a trago para mamar.

– Obrigado, enfermeira – diz Josimar.

Manuela segue, então, para tomar banho.

– Seus pais já chegaram, Josimar?

– Sim. Eles já passaram por aqui, viram a Manuela e estão indo preparar as coisas lá em casa para recebê-la.

– Sua mãe e seu pai são dois anjos em minha vida.

– Realmente, meus pais são anjos. Sua mãe também está lá em casa com eles. O papai fez questão de dar uma carona para ela.

– Pena que o meu pai não está aqui para ver a Manuela.

– Ele não está aqui fisicamente, mas, com certeza, ele está entre nós espiritualmente, querida.

– Será que a Eliane vai me dar alta amanhã?

– Quando ela passou por aqui hoje, disse que, se tudo continuar como está, você, eu, e a Manuela iremos para casa amanhã.

– Que bom!

– Agora descanse. Darei um pulinho lá no escritório para assinar alguns processos, mas voltarei rapidinho para ficar com você.

– Está bom, amor.

– Você quer que alguém venha ficar com você neste período?

– Não precisa, amor.

– Vou ao escritório e depois ao mercado fazer algumas compras. Sua mãe já me passou a lista – diz Josimar, e os dois caem no riso.

– Essa é a dona Sônia que eu conheço.

– Sua mãe está muito bem após a perda do seu pai. Ela encontrou conforto no centro espírita.

– Ainda bem! Eu fiquei muito preocupada com ela, mas sei que agora ela está seguindo em frente.

– Tchau, amor. Tenho que ir – diz Josimar, beijando a face de Natália e saindo do quarto do hospital.

– Vá com Deus, amor. Aproveitarei que ficarei sozinha e dormirei um pouco. Estou com muito sono.

– Faça isso. Durma com Deus. Eu te amo!

– Tchau, amor. Eu também te amo.

No dia seguinte, Natália e Manuela chegam do hospital e são recebidas com muita alegria e descontração no lindo apartamento duplex do casal na área mais nobre de São Paulo.

Sônia está feliz e não quer largar a neta. Isaura providenciou uma sopa especialmente para Natália. Sebastião e Josimar não conseguem esconder a alegria de terem em casa a tão esperada Manuela.

O tempo voa, e logo todos estão novamente reunidos no primeiro aniversário de Manuela. A comemoração é em um salão de festas contratado pela família. Todos estão felizes. Manuela ensaia seus primeiros passos e brinca alegre com um grupo de coleguinhas convidados especialmente para este dia.

Três anos depois, tudo está seguindo o caminho natural. Manuela já frequenta o jardim de infância. Natália e Josimar, com Eduardo e sua esposa, Marcele, são sócios de um promissor escritório de advocacia localizado na Avenida Paulista.

A vida está sendo próspera para todos. E todos estão muito felizes.

Josimar quase não frequenta mais a casa espírita. Seu tempo é dedicado a viagens e novos contratos com grandes empresas do Brasil.

Natália é a chefe do jurídico e Eduardo a auxilia a despachar com outros advogados, que são funcionários do escritório. Nessas reuniões, eles analisam as estratégias jurídicas para cada caso representado pelo famoso escritório de advocacia.

Após chegar de uma viagem de três dias, Josimar procura Natália para decidirem algumas coisas da família.

– Amor, perdoe-me atrapalhar, mas preciso conversar com você sobre uma coisa que está me incomodando muito.

– O que houve, amor?

– Eu estava viajando e fiquei pensando nos meus pais e na sua mãe.

– O que houve, homem?

– O que houve é que eu não acho justo eles ficarem distantes de nós. Não acho justo vivermos a vida que vivemos e nossos pais estarem naquele fim de mundo.

– E o que você tem em mente?

– Temos bastante dinheiro. A Manuela quase não nos vê. Eu vivo viajando e você vive tomando decisões que lhe tiram o sono. A nossa filha vive mais com a babá do que com a sua família. Pensei que poderíamos alugar, ou até mesmo comprar, dois apartamentos próximos ao nosso e trazer os velhos para viverem aqui. O que você acha?

– Acho a sua ideia maravilhosa. Difícil será convencê-los a aceitar.

– Temos que tentar, não acha? – pergunta Josimar.

– Sim, podemos tentar. Vou ligar para a mamãe e pedir para o nosso motorista ir buscá-la, a pretexto de passar o fim de semana conosco. Daí você faz o mesmo. Ligue para os seus pais e diga que o Jonas, o nosso motorista, está indo buscar a mamãe para passar o fim de semana aqui. Pergunte se eles não querem aproveitar a carona e vir para cá. Daí, no almoço de domingo, nós podemos propor isso a eles. O que você acha?

– Excelente ideia! Ligarei agora mesmo para o papai.

Assim, tudo fica combinado para o almoço de domingo.

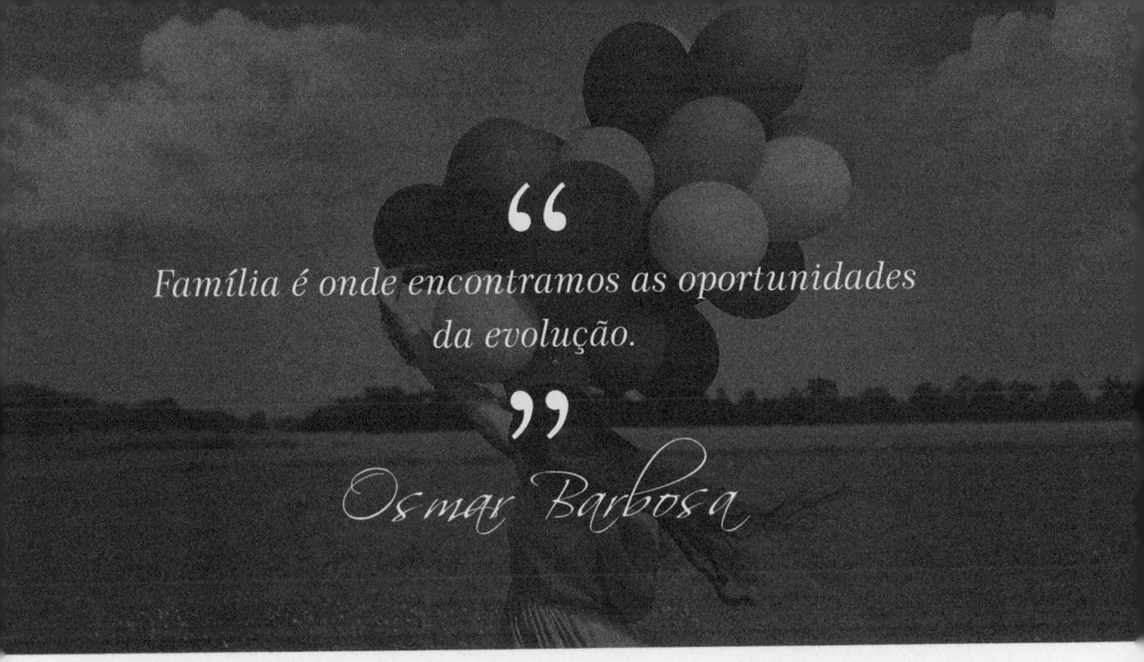

O Tempo

Quinze anos depois...

– Manuela, você tem que perder essa mania, minha filha.

– Gosto assim, mãe.

– Josimar? – grita Natália, chamando pelo marido, que está em outro cômodo.

– Oi, querida – diz ele, aproximando-se.

– Você pode levar a Manuela hoje? Estou cansada e ocupada.

– Levo, sim, meu amor. Pode deixar.

– Ela já está arrumada.

– Pode deixar. Onde ela está?

– No quarto. Não se esqueça de levar dinheiro para comprar os balões.

– Pode deixar, Natália.

Após alguns minutos, Josimar vai até o quarto de Manuela chamá-la para o passeio diário na praça próxima ao seu apartamento.

– Venha, filha. Vamos à praça?

– Vou, sim.

Manuela passa pelo banheiro de sua suíte e, após ajeitar os cabelos, vai ao encontro de Josimar para irem à praça.

Ela é linda. Uma menina encantadora.

Após alguns minutos de caminhada, eles chegam à praça. Josimar havia levado um livro para ler enquanto Manuela se encontra com alguns amigos, como faz todas as tardes.

– Pai?

– Sim, filha.

– Compra balões para mim?

– Compro, sim, amor. Quantos você quer?

– Todos que existem no mundo.

– Todos o papai não consegue comprar. Mas vou comprar três para você, está bom?

– Está bom...

Josimar vai até a barraca do Severino para comprar os balões.

– Olá, Severino!

– Boa tarde, senhor Josimar! Como tem passado?

– Estamos bem. Quero três balões para a Manuela.

– Hoje, eu trouxe alguns balões diferentes. A Manuela adora meus balões.

– Desde que era bem pequena, ela se encanta ao ver balões. Eu não sei explicar donde ela tirou isso.

– Sua filha, doutor, é encantadora. Provavelmente, vê esses balões em sonhos.

– É possível, sim. Ela me pediu para pintar vários balões em seu quarto.

– E o senhor pintou?

– Contratei um artista que fez um trabalho maravilhoso. Qualquer dia, trago uma foto para mostrar para você, Severino.

– Que bom, doutor. Eu também ganho minha vida com balões. Desde rapaz, vendo balões aqui na praça. Olhe, separei estes três para ela – diz Severino, entregando três lindos balões para Josimar.

– São realmente muito bonitos. Aqui está o dinheiro, Severino, e não precisa me dar o troco.

– Obrigado, senhor Josimar.

– Até amanhã, Severino.

– Até, doutor.

Josimar caminha em direção a um banco, onde Manuela está sentada com uma amiguinha, de nome Silvia.

– Oi, Silvinha. Como você está?

– Estou bem, tio.

– Olhe, Manuela, o Severino trouxe balões especiais para você.

– São muito bonitos – diz Manuela, pegando os balões das mãos do pai e ficando paralisada olhando para eles por alguns minutos.

– Você gostou, filha?

– Muito, papai.

Do outro lado da praça, diariamente no mesmo horário, vê-se um rapaz de 17 anos sempre sentado, estudando com alguns livros.

Todos os dias, Pedro cumpre o mesmo ritual. Chega do trabalho ao meio-dia, almoça e vai para a praça estudar para as aulas, que ocorrem à noite. E, todos os dias, Pedro fica vendo Manuela brincar com seus balões.

Naquele dia, Manuela percebe os olhares de Pedro e se aproxima dele.

– Oi! – diz ela.

– Oi!

– Como é o seu nome?

– Meu nome é Pedro, e o seu?

– Manuela.

– Tudo bem com você, Manuela?

– Sim, e com você?

– Estou estudando para as provas da minha escola.

– Vejo que você vem todos os dias aqui estudar.

– Você reparou que eu venho aqui?

– Sim. Você é um garoto muito bonito. Não tem como não reparar.

– Você também é muito bonita.

– Você acha?

– Acho.

– Você está sendo sincero?

– Por que eu não seria?

– Porque eu não sou uma menina normal.

– Eu não vejo nada de anormal em você. Pelo contrário, você é uma menina muito bonita.

– Obrigada, Pedro. Você é muito gentil.

– Onde você mora?

– Aqui perto, em um apartamento. E você?

– Ali, olhe – diz Pedro, apontando para um prédio do outro lado da rua.

As horas passam, até que Josimar se aproxima, muito preocupado com aquele casal.

– Com licença, rapaz. Vamos embora, Manuela?

– Não posso ficar mais um pouco?

– Não, filha. Você tem que ir para casa agora.

– Amanhã você vai voltar aqui, Pedro?

– Sim, eu venho todos os dias estudar.

– Podemos nos encontrar novamente?

– Claro, Manuela. Será ótimo.

– Então, até amanhã.

– Até amanhã.

Manuela segue calada ao lado de Josimar até a sua casa. Ao chegar ao apartamento, ela se dirige até o seu quarto e se tranca lá.

Natália percebe que a filha está diferente e procura Josimar para conversar.

– Amor, o que houve com a Manu?

– O que houve? Como assim?

– Ela chegou e se trancou no quarto. Ela não é de fazer isso. E cadê os balões? Você não comprou para ela?

– Sinceramente, eu nem percebi que ela não trouxe os balões.

– Como assim?

– Comprei três balões lindos para ela. O Severino os trouxe especialmente para ela, e a Manuela ficou encantada com as cores dos balões.

– Ué… Então, o que será que ela fez com os balões?

– Nem reparei que ela não os trouxe. Ela estava entretida conversando com um rapaz que sempre observo na praça.

– Um rapaz? Como assim?

– É um garoto que fica estudando lá na praça. Você nunca reparou?

– Um bonitinho de cabelos pretos?

– Sim… eu acho que sim.

– Eu sempre o vejo na praça. Mas o que eles estavam conversando?

– Não sei. Quando deu a hora de virmos embora, procurei a Manuela e ela estava sentada ao lado dele, conversando.

– Meu Deus!

– O que, Natália?

– Ela não pode se apaixonar. Acho que a Manu não está preparada para isso.

– Que bobagem, Natália. Eles só estavam conversando.

– Ele é normal?

– Como assim, normal?

– Ele é um menino normal? Não tem síndrome?

– Não, ele é normal. A Manuela também é normal.

– Você entendeu o que eu quis dizer.

– Ela, até hoje, não se interessou por nenhum menino, e olhe que há vários na escola dela que também têm a síndrome. Acho que ela ainda não tem olhos para isso.

– Tomara que sim. Eu não suportaria ver a Manuela sofrer por amor, principalmente se for por alguém que não tenha a síndrome.

– Meu amor, se tiver que ser, será. Nós não temos o direito de interferir nos sentimentos dela.

– Não é questão de interferir, e sim de preconceito.

– Ele não olhou para a nossa filha com esse olhar. Fique tranquila. Parece-me um rapaz educado. Foi somente isto: educação.

– Tomara que seja isso mesmo.

– Fique tranquila, Natália. É isso.

– Vou preparar o jantar. Quer que eu faça alguma coisa especial?

– Meu amor, qualquer coisa que você prepara, para mim, está ótimo.

– Quando tudo estiver pronto, chame a Manu para comer.

– Pode deixar. Assistirei a um pouco de TV.

– Está bem – diz Natália, dirigindo-se à cozinha para providenciar o jantar.

Naquele momento, Nina e Felipe chegam à casa de Manuela e se dirigem ao seu quarto, acompanhados de Eleonora.

– Ela está preparada para o recomeço, Nina?

– Sim, acreditamos que está na hora de entrarmos em ação. As orientações superiores são para acompanharmos os próximos passos do reencontro. É muito importante, Eleonora, que, a partir de agora, você se responsabilize por Pedro e Manuela.

– Estou pronta, Nina.

– Vamos acompanhar tudo bem de perto – diz Felipe.

Manuela está deitada em sua cama, lembrando-se de Pedro e pensando em como ele é bonito.

– Desde antes desta encarnação, você vem auxiliando Ana Maria, Eleonora. Agora é a hora da ação. Precisamos estar atentos para que tudo se cumpra conforme o planejado.

– Vamos conseguir, Nina.

– Tenho certeza de que você vai conseguir, Eleonora.

– Agora vamos deixá-la com a jovem. Precisamos voltar para a colônia. Voltaremos em breve – diz Felipe, aproximando-se de Eleonora e pegando em suas mãos. – Confie que tudo está dentro da mais perfeita ordem.

– Confio, Felipe.

Nina abraça Eleonora.

– É hora de você agir. Qualquer coisa, é só me chamar.

– Pode deixar, Nina.

– Até breve, querida.

– Obrigada, Nina... a você e ao Felipe... por tudo.

– Lembre-se de tudo o que planejamos e tenha calma.

– Pode deixar...

Nina e Felipe deixam o quarto e voltam para a Colônia Amor e Caridade. Afinal, os trabalhos não param nas colônias espirituais.

Josimar bate suavemente à porta do quarto de Manuela.

– Manuela?

– Sim, pai.

– O jantar está servido. Venha.

– Já vou.

Após lavar o rosto, Manuela dirige-se à mesa de jantar.

– Oi, filha.

– Oi, mãe.

– Você está bem?

– Sim. Por que não estaria?

– É que você está quieta demais.

– Estou bem, sim, mãe.

Manuela se senta e começa a se servir.

– O seu pai me contou que você conheceu um amigo novo na praça hoje.

– É o Pedro.

– E ele a tratou bem?

– Sim, ele é muito legal.

– Que bom, filha. Amizade nova é sempre bom.

– Ele disse que gostou de mim.

– É? E o que mais ele disse?

– Disse que sou muito bonita.

– E o que você achou disso?

– Eu gostei.

– Cuidado para não se apaixonar por ele, Manuela.

– Qual o problema se eu me apaixonar por ele?

– É que ele deve ser mais velho, e aí as coisas são mais difíceis.

– Ele não é muito mais velho. Ele tem 17 anos.

– Olhe, filha, cuidado para não se ferir.

– Eu já sou adulta, mamãe.

– Eu sei, filha. Eu sei que você é bem madura para a sua idade. Eu e o papai só não queremos que você se fira, entende?

– Entendo. Pode ficar tranquila, mãe. Já que vocês tocaram nesse assunto, eu gostaria de pedir que não me levem mais à praça. Eu não preciso que vocês fiquem me paparicando. Sei cuidar de mim e já estou bem grandinha para ficar indo aos lugares com vocês ao meu lado.

Eleonora está ao lado de Manuela, amparando e auxiliando a menina.

– Acho que você tem toda a razão, filha. Concordo plenamente com ela, Natália. Nós precisamos confiar na Manuela – diz Josimar.

– Você tem certeza, filha? Posso ficar tranquila?

– Claro, mãe. A praça é aqui pertinho. Não há perigo algum em eu ir lá sozinha. Os meus amigos não vão com os pais. Já estou grande e preciso da minha liberdade.

– Está bem. Então, amanhã, quando você voltar da escola, vamos permitir que vá à praça sozinha. Mas é importante que você cumpra os horários que determinaremos, ok?

– Sem problemas, mamãe. Fique tranquila.

No dia seguinte, Manuela vai à praça e se encontra mais uma vez com Pedro.

Eles passam a tarde juntos, conversando alegremente.

Pedro não vê problema algum em se relacionar com Manuela. Ele a admira muito e vê em Manuela uma menina meiga e muito inteligente.

Alguns meses depois, Pedro chega em casa um pouco mais tarde e se tranca em seu quarto. Sua mãe, Stela, estranha a atitude do garoto, que sempre é extrovertido e conversador. De uns dias para cá, Stela tem notado um comportamento um tanto inusitado do filho querido. Stela é separada há mais de seis anos do pai de Pedro, Arnaldo, que constituiu nova família, vive em outro estado do país e quase não tem contato com Pedro.

Ela decide ir ao quarto para conversar com o filho.

Ela bate à porta.

– Pedro?

– Sim, mãe.

– Posso entrar?

– Só um minutinho, por favor.

Stela fica encostada na porta, esperando Pedro atendê-la.

Após alguns minutos, o rapaz abre a porta.

– Entre, mãe.

Stela entra e se senta na cama de Pedro, que está recostado na cabeceira da cama.

Ela acaricia os pés do filho.

– Está tudo bem?

– Sim.

– Você anda calado por esses dias.

– Não é nada. Eu estou bem.

– Como estão as coisas na escola?

– Está tudo bem.

– Reparei que você não sai com os seus amigos.

– Não tenho tido vontade de sair com eles.

– Você, de uns tempos para cá, passa mais tempo na praça do que em casa. Tem algo naquela praça que eu preciso saber?

– Não tem nada na praça que você precise saber, mãe. Está tudo bem. Fique tranquila.

– Filho, se você precisar de alguma coisa, sabe que pode contar com a sua mãe, né?

– Eu sei, mãe. Eu sei.

– Então, já que está tudo bem, eu vou tomar um bom banho e descansar um pouco. Hoje o dia foi corrido para a mamãe.

– Vá descansar, mãe. Está tudo bem.

– Mas, antes de ir, deixe-me perguntar uma coisa a você. Que balões são esses no seu quarto? Você agora deu para gostar de balões?

– Uma menina que vai à praça que me dá.

– Uma menina?

– Sim, a Manuela. Ela é minha amiga.

– Amiga? Comente esse "amiga".

– Amiga, mãe... amiga.

– Não me esconda se você se apaixonar, está bem, filho?

– Pode deixar, mãe. Se eu me apaixonar, eu lhe aviso.

– Não quero que você sofra. Você é muito jovem para se apaixonar. Tem que focar nos estudos e em seu futuro.

– Pode deixar, mãe.

– Conte para mim, como ela é?

– Ela é morena, tem olhos claros e é muito bonita. É inteligente, bondosa e muito bacana.

– Que menina genial!

– Sim, ela é realmente especial.

– Um dia, vou à praça com você para conhecê-la.

– Ela vai ficar feliz, pois sempre falo de você para ela.

– Já estão íntimos?

– Não, não é isso. É que ela fala muito bem dos pais dela. Eles são advogados muito bem-sucedidos.

– Que bom, filho.

– Ela é muito legal, mãe.

– Acho que tem um menino apaixonado aqui.

– Deixe de bobagem, mãe. Manuela tem síndrome de Down.

– Sério?

– Sim, mas isso não impede que ela seja uma pessoa maravilhosa.

– Entendo, filho. Mas cuidado para você não se apaixonar.

– E qual é o problema se eu me apaixonar por ela?

– Não tem nenhum problema. Na verdade, você é quem deve estar preparado para o preconceito e para as críticas que seus amigos e familiares farão. Sou aberta a todas as possibilidades da vida. Se tiver que ser o amor da sua vida, eu vou apoiá-lo.

– Mãe, você é incrível mesmo!

– Eu só não quero ver você sofrendo, meu filho. As pessoas são muito preconceituosas.

– Nós não estamos namorando. Fique tranquila. Ela é somente a minha melhor amiga, só isso.

– Meu amor, se precisar de alguma coisa, a mamãe está aqui, está bom?

– Pode deixar, mãe. Qualquer coisa, falo com você.

– Agora preciso descansar – diz Stela, levantando-se e beijando o rosto de Pedro.

– Mãe?

– Sim.

– Posso trazer a Manuela para você conhecer?

– Claro, filho. Será um prazer conhecê-la.

– Vou combinar com ela amanhã.

– Durma com Deus, filho, e olhe a hora da escola.

– Pode deixar, mãe. Até amanhã!

– Eu te amo, Pedro.

– Eu também, mãe.

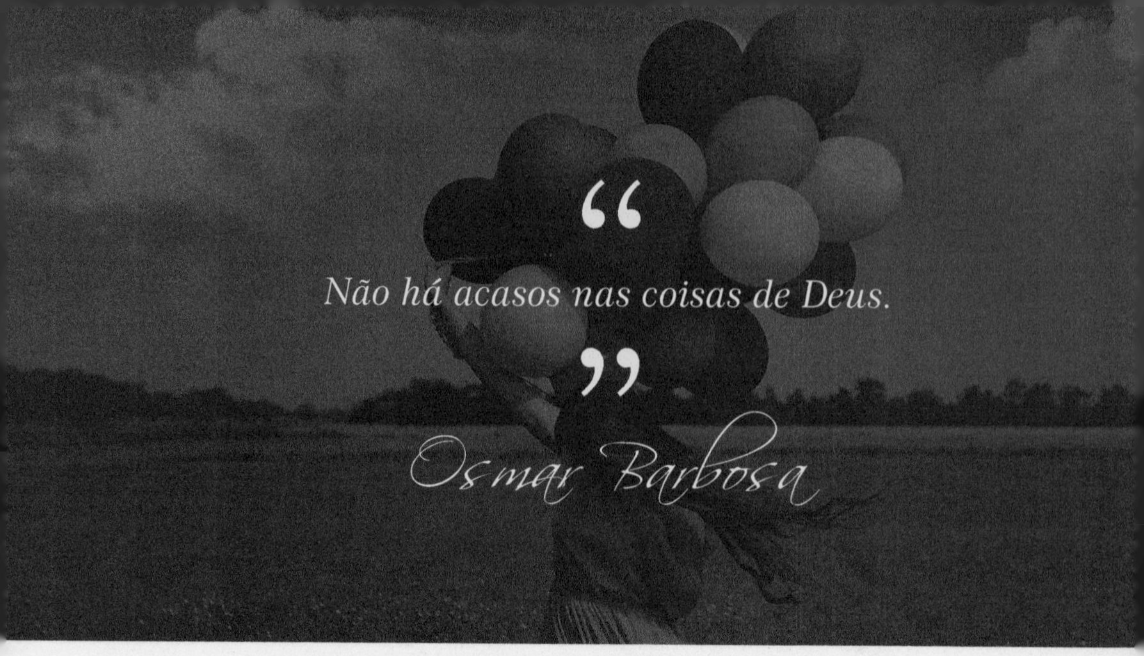

Almas Gêmeas

Seis meses depois…

– Manuela, aonde você está indo?

– Vou me encontrar com o Pedro. Vamos ao cinema.

– Mas você precisa nos avisar. Não pode sair assim.

– Pai, eu não sou mais criança. Vocês precisam aprender a confiar em mim.

– Não é isso, meu amor. É que as pessoas não entendem por que vocês namoram e são preconceituosas. O papai não quer que você sofra por isso.

– Pai, eu e o Pedro temos plena consciência do que nos acontece. Você acha que ele não sofre? Todos os seus amigos zoam com ele. Eles dizem que ele namora uma deficiente, e ele sofre muito com tudo isso. Pedro conhece as minhas limitações, mas estamos dispostos a ir até o fim pelo nosso amor.

Natália escuta tudo calada ao lado de Josimar. Manuela continua:

– Sofro também. Por onde passo, as pessoas me olham diferente, me tratam diferente. Eu não sou diferente. Eu sou especial, somente isso. O fato de eu ter a síndrome não me impede de ser feliz. O Pedro sabe de tudo isso, e ele não se importa com minhas limitações

– Meu amor, nossa única preocupação é que vocês sofram, somente isso.

– Mãe, pai, eu já não sou mais uma menina. Farei 18 anos, e já passou da hora de vocês me olharem como adulta. Eu e o Pedro temos planos de casar e ter filhos. Quero me formar, trabalhar... ser uma pessoa normal, para aqueles que não acham que sou normal. O amor que sinto pelo Pedro não é desta vida. Sinto que ele faz parte de mim. E ele diz o mesmo, e está disposto a tudo pelo nosso amor.

Natália se aproxima de Manuela e a abraça, dizendo:

– Filha, eu tenho muito orgulho de você. Tenho orgulho de sua maturidade. Pode contar com a mamãe e o papai para tudo o que você precisar. E, se alguém um dia lhe fizer mal por você ser diferente, conte para mim ou fale com o seu pai, que trataremos o ofensor nas leis que a protegem.

– Não se preocupem com isso. Não será a última vez que alguém me ofenderá por ter Down. Já me acostumei com os olhares, e nada mais me abala. O mais importante para mim e para o Pedro é a nossa felicidade. A Stela e vocês nos apoiam, e isso é o que importa para nós.

Nina, Felipe e Eleonora estão ao lado da família feliz. Realmente, o trabalho que Eleonora vem fazendo ao lado de Pedro e Manuela tem feito toda a diferença.

Os ofensores são sempre tratados com amor, o que os faz refletir sobre seus atos de preconceito.

Manuela e Pedro estão sempre assistidos pelos mentores, que cuidam a todo tempo deles.

– Parabéns, Eleonora, pelo que tem feito pelo casal – diz Felipe.

– Faço o melhor de mim, por ela.

– Você realmente tem se mostrado uma mentora espiritual muito eficaz – diz Nina.

– Nossa ligação, como vocês sabem, vem de muitas vidas. E minha princesa não merece mais sofrer. Espero que esta seja sua última estada no plano terreno.

– Estamos ao seu lado para auxiliar para que tudo se cumpra.

– É importante, Eleonora, que todos que estão conosco nesta mensagem saibam quem são Pedro e Manuela. Você pode explicar?

– Sim, claro. Mas, para isso, precisamos visitar o passado.

– Fique à vontade para contar tudo, Eleonora – diz Felipe.

– Posso começar, Nina?

– Sim, querida. Todos estão ansiosos para saber.

– Pois bem... Eu vou explicar primeiro o que podemos considerar como almas gêmeas.

– É de grande utilidade, Eleonora.

– Vamos lá... É importante que todos saibam que não existem almas gêmeas. Esse assunto já foi tratado em diversos livros, inclusive nos livros da Codificação Espírita.

"Podemos afirmar que o que existe entre os espíritos é afinidade e simpatia, sem que nenhum precise do outro para se completar. Se assim fosse, os espíritos perderiam sua individualidade, e isso não existe.

"A verdade é que todos os espíritos são simpáticos entre si quando atingem a perfeição absoluta. Enquanto isso não ocorre, os espíritos são simpáticos em uma determinada fase da evolução, mas podem deixar de sê-lo se algum deles não acompanhar o progresso do outro.

"Empregamos o termo almas gêmeas apenas para definir a simpatia e a afinidade entre os espíritos.

"Algo muito comum são espíritos que se afinam tanto que parecem ser metades. Isso se dá quando dois ou mais espíritos se ligam por amor profundo, cumplicidade e desejos evolutivos.

"O que todos precisam compreender é que o amor que existe entre dois seres não deixa de existir simplesmente porque estão separados. Pelo contrário, ao chegar na vida espiritual, o amor se intensifica e a cumplicidade faz com que esses espíritos desejem seguir evoluindo juntos. Daí o entendimento de almas gêmeas, metades espirituais. Mas esse é somente mais um termo para definir o amor."

– Linda explicação, Eleonora – diz Nina.

– Obrigada, querida.

– Continue, Eleonora.

– Vou prosseguir, Felipe. Manuela, hoje encarnada, na verdade, foi minha filha em três encarnações anteriores a esta. E é essa a história que quero contar. O ano, nem cito… mas faz muito tempo…

Num passado distante…

Eleonora mora em uma vila muito pequena. Ao todo, são seis famílias que migraram de seu país devido à guerra. Não queriam morrer nem, muito menos, entregar seus meninos para morrerem por causas políticas que não interessavam.

Eleonora tem dois filhos: Albert é o seu menino, e Joana, a sua menina.

Na casa vizinha vivem Roberto, Justina e seu filho, Miro.

As crianças se dão bem, brincam e auxiliam os adultos nas plantações, que são divididas entre as famílias de forma que quase não precisam de dinheiro.

Vivem do que plantam. O que vendem serve para comprar aquilo que não produzem e tudo é rateado entre as famílias.

O marido de Eleonora, Jonas, é portador de um pequeno distúrbio, o que não o impede de ser pai, amigo e um excelente parceiro na criação das crianças.

Os anos passam e as crianças crescem. Logo, os filhos dos vizinhos se relacionam e acabam se casando. Isso é ótimo para aumentar a vila, pois, à medida que as crianças crescem, os adultos envelhecem e, naturalmente, os mais velhos morrem.

Joana se interessa por Miro, seu vizinho, só que Jonas e Eleonora não aprovam o rapaz. Ele é violento e vive metido em brigas e confusões. Todos o temem e seus pais nada fazem para corrigi-lo.

Um dia, já tarde da noite, Eleonora e Jonas ouvem batidas na porta de sua humilde casa.

– Boa noite, dona Eleonora.

– Quem é? – pergunta Eleonora.

O rapaz está vestido com uma roupa escura e usa um capuz que lhe cobre toda a cabeça.

Nesse momento, Jonas se aproxima de Eleonora e fica ao seu lado na porta.

– Quem é você, rapaz? – pergunta Jonas, em voz firme.

– Calma, seu Jonas. Sou eu, o Miro.

– O que você quer na nossa porta a uma hora dessas, rapaz?

– Preciso fazer um pedido a vocês dois.

– Mas isso é hora de nos incomodar? Volte outro dia – diz Jonas, batendo a porta na cara do rapaz. – Que abuso desse garoto! Isso são horas de incomodar as pessoas?

– Calma, Jonas. Ele é só um rapaz desorientado.

– Pois amanhã mesmo vou falar com os seus pais sobre essa atitude estúpida!

– Calma, querido. Venha, vamos descansar.

No dia seguinte, Jonas vai até a casa de Roberto para conversar com ele sobre a visita de Miro à sua casa na noite anterior.

– Bom dia, Roberto.

– Bom dia, Jonas. A que devo a honra da visita?

– Não sei se é uma honra, mas tenho uma reclamação a fazer sobre seu filho.

– O que houve? O que o Miro aprontou?

– Ele bateu em nossa porta ontem tarde da noite, dizendo querer falar conosco.

– Perdoe-me, meu amigo. Eu não sei mais o que fazer com esse garoto. Eu e a Justina já demos vários corretivos nele, mas parece que nada adianta.

– Seu filho precisa respeitar os moradores do nosso vilarejo.

– Canso de falar isso para ele, Jonas. Olhe, eu vou agora mesmo ter mais uma conversa com ele. Eu lhe prometo que ele não vai mais perturbá-lo. Caso ele apareça novamente em sua porta, me avise, que não deixarei barato.

– Agradeço sua compreensão e ajuda, Roberto.

– Passar bem, meu amigo.

– Vejo você na roça mais tarde.

– Estarei lá.

Roberto entra em casa e, naquele dia, briga muito com Miro. Afinal, o que aquele garoto queria com Jonas e Eleonora?

Os dias passam, até que, em outra noite, Miro bate novamente à porta da família de Jonas.

– Você de novo, rapaz? O que você quer aqui? Eu já conversei com o seu pai. Ele não conversou com você?

– O meu pai conversou comigo, sim, senhor Jonas. É que preciso falar uma coisa para o senhor e para a dona Eleonora.

– Eleonora! – grita Jonas.

– O que é?

– Venha aqui na porta, por favor.

Eleonora, atendendo ao chamado do marido, aproxima-se da porta de entrada da casa e se assusta com a presença de Miro.

– O que esse garoto quer aqui, Jonas?

– Diga para nós... o que você quer aqui, Jonas?

– Quero pedir a mão de Joana em casamento.

Jonas solta uma gargalhada que pode ser ouvida em toda a vizinhança.

– Você ficou maluco, menino? Onde já se viu... – Jonas não para de rir, o que irrita profundamente Miro. – Saia da porta da minha casa. Jamais entregarei minha única filha a alguém como você, Miro. A minha filha não é para alguém como você.

O rapaz abaixa a cabeça e se cala.

– Saia daqui, Miro. Você não vê que não vamos autorizar essa maluquice? – diz Eleonora.

– Vocês ainda vão se arrepender do que me fizeram hoje – jura o rapaz.

– Não se trata disso, Miro. É que vocês ainda são muito jovens para pensar em casamento, meu filho – diz Eleonora, tentando acalmar as coisas.

Sem dizer mais nada, Miro se afasta da casa, onde ainda é possível ouvir as gargalhadas de Jonas.

Joana está em seu quarto e consegue ouvir tudo. O que ninguém sabe é que a menina já está apaixonada por alguém. Ela mantém uma relação de namoro secreta com Juliano, um lindo menino que mora na última casa da vila.

Os dias passam sem que percebam que o ódio de Miro só aumenta. Então, Juliano, com os seus pais, procura Jonas e Eleonora para pedir Joana em namoro, ou melhor, para assumir compromisso de casamento.

Naquela noite, todos os moradores são convidados para uma festa por Jonas, que está muito orgulhoso, pois gosta muito de Juliano.

A festa, marcada para o próximo sábado, mobiliza toda a comunidade. Alguns preparam comidas; outros, enfeites. E Eleonora prepara a casa para receber todos os amigos e festejar com eles o noivado de sua filha.

Juliano está feliz. Ele trabalha o dia inteiro na roça ao lado de Jonas e Eleonora, falando sobre os planos de casamento com Joana.

O dia está muito quente. Logo depois do almoço, Joana procura Eleonora.

– Mãe?

– Oi, filha.

– Posso ir com o Juliano e o Albert tomar banho de rio?

– O seu irmão vai?

– Sim, ele também está morrendo de calor.

– Se ele vai, você também pode ir. Mas não demore, que, quando eu voltar da roça, quero terminar de preparar as lembrancinhas do seu noivado.

– Não vamos demorar.

– Tome cuidado, filha.

– Pode deixar, mamãe.

Aquele será o pior dia da vida de Eleonora.

Ela volta para a roça com Jonas e ambos trabalham até as 16h. Quando voltam para casa, não veem as crianças e começam a se preocupar, já que Joana sempre foi muito responsável e não era comum demorar no banho de rio.

– Jonas, as crianças não estão em casa.

– Onde elas estão?

– Joana me pediu para tomar banho de rio com Juliano e Albert.

– Você deixou?

– Sim, mas já era para eles estarem em casa.

– Vou até o rio chamá-los.

– Obrigada, querido.

Jonas sai e volta com a pior notícia que uma mãe pode receber.

Joana e Juliano estão mortos na beira do rio. Albert, na verdade, nem foi ao rio naquele dia. Joana havia mentido para Eleonora.

Eles morreram afogados.

De volta ao presente...

– Fiquei me culpando pelo resto daquela encarnação e prometi que cuidaria da minha menina pelo resto da minha existência – diz Eleonora. – Mas o pior foi quando cheguei à vida espiritual e descobri que eles não morreram afogados. Eles foram assassinados por Miro, que não se conformava com o relacionamento de Joana e Juliano.

"Passei muito tempo na vida espiritual estudando e me preparando para fazer o que faço agora. O amor incondicional que sinto por Joana me permite ser sua mentora espiritual nesta encarnação. E devo tudo isso a vocês, Nina e Felipe, meus amigos e instrutores. Foi confiando nos ensinamentos que vocês me deram que consegui hoje estar aqui ao lado da Manuela, cuidando para que ela cumpra seu projeto encarnatório e, finalmente, após esta vida, eu, ela, Jonas e Albert possamos viver eternamente juntos em Amor e Caridade.

"Pedro, que fora Juliano e João, segue rumo à libertação. Logo ele também não precisará mais encarnar e poderá viver eternamente conosco.

"Tânia, a amiga inseparável de Ana Maria, aceitou vir nesta encarnação como Natália, mãe de Manuela. E Josimar é o meu companheiro Jonas, que veio como seu pai novamente nesta vida."

– É bom que todos saibam, Eleonora, que as conquistas espirituais são eternas – diz Felipe. – Todos nós, ao chegarmos à vida espiritual, teremos a oportunidade de evoluir e atingir estágios evolutivos que nos permitirão ser mentores daqueles que estão ligados a nós por amor, afinidade e cumplicidade.

"Essa conquista é, a meu ver, a maior conquista de quem ama de verdade. Imagine o quanto é penoso para um pai ou uma mãe quando chegam à vida espiritual e descobrem que desperdiçaram suas encarnações com coisas fúteis, que não serão aproveitadas na vida eterna. E pior ainda, que não terão a oportunidade de visitar seus filhos e, muito menos, ajudá-los a evoluir.

"A frustração de não poder ajudar quem se ama quando se chega aqui é dor que fere o fundo da alma."

– Você está se saindo muito bem como mentora, Eleonora – diz Nina, feliz.

– Parabéns, Eleonora – diz Felipe, abraçando a amiga mentora.

– Com os instrutores que tive, não poderia ser diferente. Serei eternamente grata a vocês. Primeiro, por terem nos acolhido nesta linda colônia e, segundo, por terem nos orientado a seguir o caminho da evolução, destino de todos os espíritos. Agora tenho que cuidar do casamento de Manuela. Se me permitem...

– Vá, e cuide muito bem do seu amor – diz Nina.

Eleonora se aproxima de Manuela e a abraça com carinho, unindo novamente o amor, que, na eternidade, só faz crescer.

Fiquem certos todos de que o amor só termina quando desistimos de nós mesmos.

Eleonora

Fim

Outros títulos lançados por Osmar Barbosa

Conheça outros livros psicografados por Osmar Barbosa.
Procure nas melhores livrarias do ramo ou pelos sites de vendas na internet.

Acesse
www.bookespirita.com.br
www.compralivro.com.br

Cinco Dias no Umbral
OSMAR
BARBOSA
Pelo Espírito de Nina Brestonini
BOOK ESPÍRITA

O Guardião da Luz
OSMAR
BARBOSA
Pelo Espírito de Daniel
BOOK ESPÍRITA

OSMAR
BARBOSA
Pelo Espírito de Nina Brestonini
ANTES QUE A MORTE NOS SEPARE
BOOK ESPÍRITA

Colônia Espiritual
Amor & Caridade
OSMAR
BARBOSA
Pelo Espírito de Daniel
BOOK ESPÍRITA

Ondas da Vida
OSMAR
BARBOSA
Pelo Espírito de Nina Brestonini
BOOK ESPÍRITA

A BATALHA DOS ILUMINADOS
OSMAR
BARBOSA
Pelo Espírito Daniel
BOOK ESPÍRITA

Joana D'Arc
O Amor Venceu
OSMAR
BARBOSA
Pelo Espírito de Nina Brestonini
BOOK ESPÍRITA

OSMAR
BARBOSA
Pelo Espírito de Nina Brestonini
ALÉM DO SER
A História de um Suicida
BOOK ESPÍRITA

OSMAR
BARBOSA
Pelo Espírito Lucas
EU SOU EXU
BOOK ESPÍRITA

Osmar Barbosa
Pelo espírito Daniel
Orai & Vigiai

O Amanhã nos Pertence
OSMAR BARBOSA
Pelo espírito Nina Brestonini
BOOK ESPIRITA

Mãe, voltei!
OSMAR BARBOSA
PELO ESPÍRITO NINA BRESTONINI
BOOK

500 almas
OSMAR
BARBOSA
PELO ESPÍRITO DE NINA BRESTONINI
BOOK ESPIRITA

O Lado Azul da Vida
OSMAR
BARBOSA
PELO ESPÍRITO NINA BRESTONINI
BOOK ESPIRITA

OSMAR
BARBOSA
DEPOIS...
BOOK ESPIRITA

OSMAR
BARBOSA
PELO ESPÍRITO DO CIGANO RODRIGO
Gitano
AS VIDAS DO
CIGANO RODRIGO
BOOK ESPIRITA

O
LADO
OCULTO
DA
VIDA
OSMAR
BARBOSA
PELO ESPÍRITO DE DANIEL
BOOK ESPIRITA

Entrevista com Espíritos
Os Bastidores do Centro Espírita
por
OSMAR
BARBOSA
BOOK

Entre Nossas
Vidas
OSMAR
BARBOSA
Pelo Espírito de Nina Brestonini

Colônia Espiritual
Amor & Caridade
Dias de Luz
OSMAR
BARBOSA

O Médico de
Deus
OSMAR
BARBOSA
Pelo Espírito de Nina Brestonini

Cinco Dias
no Umbral
O Resgate
OSMAR
BARBOSA
Pelo Espírito de Nina Brestonini

OSMAR
BARBOSA
Pelo Espírito de Lucas
Amigo
Fiel

UMBANDA
PARA
INICIANTES
OSMAR
BARBOSA

VINDE A MIM
O Evangelho no Lar
OSMAR
BARBOSA

IMPUROS
A Legião de Exus
OSMAR
BARBOSA
Pelo Espírito de Lucas

Acordei no
UMBRAL
OSMAR
BARBOSA
Pelo Espírito de Lucas

AUTISMO
A ESCOLHA DE NICOLAS
OSMAR
BARBOSA
PELO ESPÍRITO DE NINA BRESTONINI

OSMAR
BARBOSA
PELO ESPÍRITO DE NINA BRESTONINI
Cinco Dias
no Umbral
O Perdão

pelo Espírito NINA BRESTONINI
DEIXE-ME Nascer
OSMAR BARBOSA

OSMAR BARBOSA
PARAFRASEANDO
CHICO
XAVIER
Seleção das mais belas frases
de Chico Xavier

pelo Espírito LUCAS
OBSESSOR
OSMAR BARBOSA

A
Vida
depois da
Morte
OSMAR BARBOSA
pelo Espírito NINA BRESTONINI / LUCAS

ROMANCE ESPÍRITA
A ROSA
DO CAIRO
OSMAR
BARBOSA
PELO ESPÍRITO DE NINA BRESTONINI

pelo Espírito JONAS
REGENERAÇÃO
UMA
NOVA
ERA
OSMAR BARBOSA

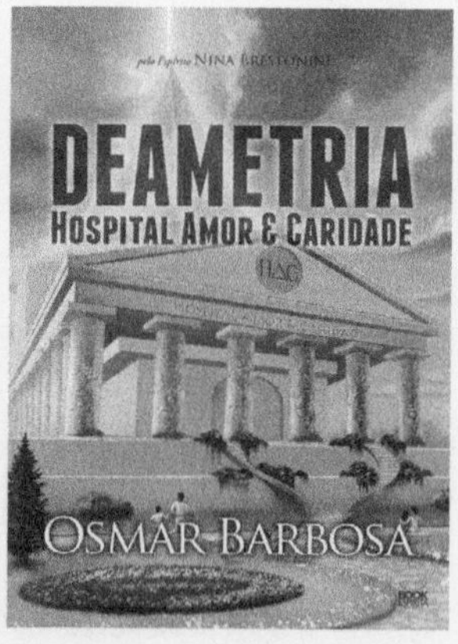
pelo Espírito NINA BRESTONINI
DEAMETRIA
HOSPITAL AMOR & CARIDADE
HAC
OSMAR BARBOSA

DEAMETRIA
A Desobsessão Modernizada
OSMAR BARBOSA

O SUICÍDIO DE ANA
OSMAR BARBOSA
NINA BRESTONINI e LUCAS

LUCAS
ACONTECEU NO UMBRAL
OSMAR BARBOSA

GUARDIÃO
EXU
OSMAR BARBOSA
LUCAS

Cinco Dias no Umbral
OSMAR BARBOSA
NINA BRESTONINI

LUCAS
SUPERIOR TRIBUNAL ESPIRITUAL
A JUSTIÇA DIVINA
OSMAR BARBOSA

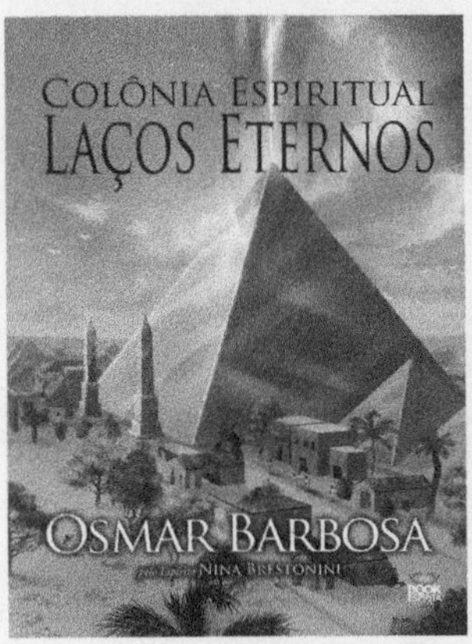
COLÔNIA ESPIRITUAL
LAÇOS ETERNOS
OSMAR BARBOSA
NINA BRESTONINI

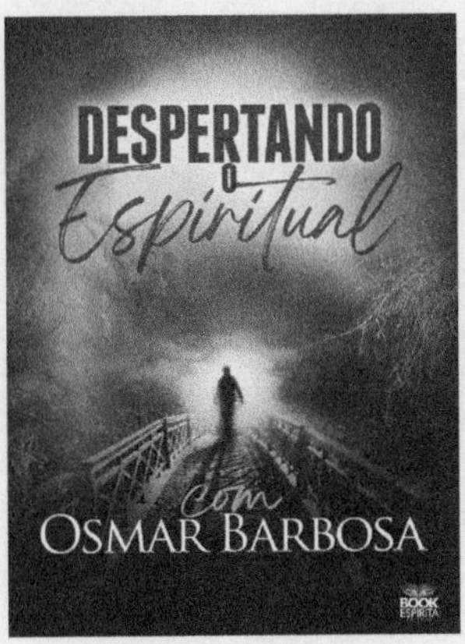
DESPERTANDO O Espiritual
com
OSMAR BARBOSA

LUCAS
UM ESPÍRITA NO UMBRAL
OSMAR BARBOSA

OSMAR BARBOSA
O
DIÁRIO
de um
SUICIDA
pelo Espírito LUCAS

Por que
VOCÊ MORREU?
OSMAR BARBOSA
pelo Espírito NINA BRESTONINI

OSMAR BARBOSA
O
Diário
de um MORTO
pelo Espírito LUCAS

BEM-VINDO
AO
UMBRAL
OSMAR BARBOSA
pelo Espírito LUCAS

BOOK ESPÍRITA
EDITORA

Esta obra foi composta
na fonte Century751
No2 BT, corpo 13.
Rio de Janeiro, Brasil.